Herbert Schöttle

Kunst
aktiv – kreativ

Unterrichtsideen für die Klassenstufen

5/6

Schöningh

© 2005 Bildungshaus Schulbuchverlage
Westermann Schroedel Diesterweg Schöningh Winklers GmbH
Braunschweig, Paderborn, Darmstadt

www.schoeningh-schulbuch.de
Schöningh Verlag, Jühenplatz 1–3, 33098 Paderborn

Das Werk und seine Teile sind urheberrechtlich geschützt.
Jede Nutzung in anderen als den gesetzlich zugelassenen Fällen bedarf der
vorherigen schriftlichen Einwilligung des Verlages.
Hinweis zu § 52a UrhG: Weder das Werk noch seine Teile dürfen ohne eine
solche Einwilligung gescannt und in ein Netzwerk gestellt werden.
Dies gilt auch für Intranets von Schulen und sonstigen Bildungseinrichtungen.

Auf verschiedenen Seiten dieses Buches befinden sich Verweise (Links) auf
Internet-Adressen. Haftungshinweis: Trotz sorgfältiger inhaltlicher Kontrolle
wird die Haftung für die Inhalte der externen Seiten ausgeschlossen. Für den
Inhalt dieser externen Seiten sind ausschließlich deren Betreiber verantwortlich.
Sollten Sie dabei auf kostenpflichtige, illegale oder anstößige Inhalte treffen, so
bedauern wir dies ausdrücklich und bitten Sie, uns umgehend per E-Mail davon
in Kenntnis zu setzen, damit beim Nachdruck der Verweis gelöscht wird.

Druck 5 4 3 / Jahr 2012 11 10
Die letzte Zahl bezeichnet das Jahr dieses Druckes.

Umschlaggestaltung: INNOVA, Borchen
Druck und Bindung: westermann druck GmbH, Braunschweig

ISBN 978-3-14-018120-4

Inhalt
krea*kunst*tiv

Hinweise zum Gebrauch dieses Buches

Die Jahrgangsstufen 5 und 6

Seite 6/7

Farbbaum – Deckfarbenmalerei

graues Tonpapier DIN A3/Bleistift/ Deckfarben und Zubehör

- Räumlichkeit durch Überschneidung
- Primär- und Sekundärfarben
- Farbenmischung

Seite 9

Krawatten – Kartoffelstempeldruck

2 bis 3 rohe Kartoffeln/Küchenmesser/Bleistift/Deckfarben und Zubehör/Tonpapiere in verschiedenen Farben/Schere

- Flächengliederung
- Farbkontraste
- Ornament/Muster

Seite 20

Superstau – Mischtechnik

Zeichenblock DIN A3/Bunt- und Filzstifte/Bleistift/Deckfarben und Zubehör/Schere/Klebstoff

- Räumlichkeit durch Staffelung und Überschneidung
- Form- und Farbkontraste
- Schriftelemente

Seite 32

Schrille Brille – Design

Pappstreifen (Werkkarton) 35 x 7 cm/ Bleistift/Lineal/(Zirkel)/Schere/ Schneidemesser/Schneideunterlage/Deckfarben und Zubehör/Filzstifte/Pergamin/Klebstoff

- Formgebung
- Farbgestaltung

Seite 39

Pfahlbauten – Architektur

Zweige und kleine Äste (Baumschnitt)/Baumschere/Bindfaden oder Bast/Schere/Baumrinde/ Moos /(Modellierton)/Kartondeckel/Gips/blaue Dispersionsfarbe

- Pfosten, Balken, Rofen
- Statik, Schnurverbindung

Seite 49

Schatzkarte – Mischtechnik/Schrift

Zeichenblock DIN A3/Deckfarben und Zubehör/Filz- und Buntstifte/ (Tusche und Feder)/Schere/Klebstoff

- Schriftgestaltung
- Aufgreifen und Weiterführen vorgegebener grafischer Strukturen
- Kolorierung

Seite 60

Fassaden – Wellpappe-Relief nach F. Hundertwasser

Wellpappe/Schere/Schneidemesser/ Schneideunterlage/Klebstoff/schwarzes Tonpapier/Gold- oder Silberpapier/ weiße Dispersionsfarbe/alte Zeitungen/ Arbeitskittel/Deckfarben und Zubehör

- Friedensreich Hundertwasser
- Relief aus Wellpappe
- unterschiedliche Niveaus und Oberflächen
- Form- und Farbkontraste

Seite 70

Spotlight – Deckfarbenmalerei

Zeichenblock DIN A3/Deckfarben und Zubehör/Deckweiß/Bleistift

- Raster
- Trübung: Aufhellen und Abdunkeln
- Hell-Dunkel-Kontrast
- Farbnuancen

Seite 80

Palast des Sultans – Wachssgraffito

Wachsmalkreiden/schwarze Plakafarbe/Pinsel/alte Zeitungen/Papier- und Kartonreste/Zeichenblock DIN A3/Geodreieck oder Lineal/Kratzwerkzeuge

- Ornament
- Wachssgraffito
- Farbkontraste
- orientalische Gebäudeformen

Seite 91

Mein Lieblingstier – Wachsmalfarben-Wischtechnik

Wachsmalfarben/Zeichenblock DIN A3/Bleistift

- Tiere zeichnen
- Reduktion auf geometrische Formen
- Flächengliederung
- Symbolfarben
- Farbkontraste
- Farbverläufe

Seite 102

Objektkasten – Klecksografie

Kartondeckel/Deckfarben und Zubehör/Zeichenblock DIN A3/ Bunt- und Filzstifte/Schere/ Streichholz/(Perlonfaden)/Klebstoff/Stecknadeln

- Klecksografie
- Muster
- Farb- und Formkontraste
- Präsentation des Objektes

Seite 110

Die Welt von oben – Deckfarbenmalerei

Zeichenblock DIN A3/Deckfarben und Zubehör/Filzstifte/Buntstifte

- Luftbild/Vogelperspektive/Aufsicht
- Ballung, Streuung, Reihung
- Farbkontraste
- Formkontraste
- Oberflächenstrukturen

Seite 120

Sky Dance – Kinetisches Objekt

Werkkarton/Bleistift/Deckfarben und Zubehör/Schere/dicker schwarzer Filzschreiber/Locher/ Perlonfaden

- Muster
- Farbbkontraste
- menschliche Gestalt in Bewegung
- Mobilé

Seite 129

Maske – Klappschnitt

Zeichenblock DIN A3/Klebestift/ Schneidemesser/Schneideunterlage/schwarzes Tonpapier (21 x 29 cm)/Bleistift/Schere

- Positiv – negativ
- Fläche
- Hell-Dunkel-Kontrast
- achssymmetrischer Bildaufbau

Seite 141

Silhouetten – Scherenschnitt

schwarzes Tonpapier/Zeichenblock DIN A3/Bleistift/Schere/Klebestift

- Fläche
- Kontur/Silhouette
- Haltung/Bewegung/Ausdruck
- Proportionen
- Hell-Dunkel-Kontrast
- Scherenschnitt

Seite 148

Literaturverzeichnis

Textquellen

Abbildungsnachweis

Seite 157/158

Hinweise zum Gebrauch dieses Buches

Die angeführten 15 Unterrichtsbeispiele gliedern sich jeweils in eine kurze *Sachanalyse*, die in die Problematik des betreffenden Unterrichtsgegenstandes einführen soll. Ihr folgen eine *Übersicht der benötigten Anschauungs- und Arbeitsmittel* und unter der Überschrift „Zu beachten" *Hinweise zur Organisation und Durchführung* der Unterrichtseinheit. Eine detaillierte *Verlaufsplanung* mit Angabe von Arbeits- und Sozialformen, Medien und Lernzielen schließt sich an. Ein *didaktischer Kommentar* enthält zusätzliche Hinweise zum Unterrichtsverlauf sowie Hilfen und Anregungen. Die zur Durchführung notwendigen *Folienvorlagen* und *Arbeitsblätter* runden die Einheit jeweils ab. Die Unterrichtsbeispiele sind als Unterrichtshilfen gedacht. Sie sollen der Fachlehrerin/dem Fachlehrer die oft zeitraubende Planung und Vorbereitung des Kunstunterrichts erleichtern. Daher sind die Unterrichtsbeispiele so ausgewählt und angelegt, dass keine spezielle Ausstattung des Fachbereichs zur Durchführung erforderlich ist.

In den Verlaufsplanungen verwendete Symbole:

1. Arbeits- und Sozialformen

 Unterrichtsgespräch

 Einzelarbeit

 Partnerarbeit

 Gruppenarbeit

 Bildbetrachtung

 Demonstration

2. Medien

 Overheadprojektor/Präsentation

 Tafelanschrieb

 Arbeitsblatt

 Buch (z. B. Text für Lehrervortrag)

 Ergebnissicherung

 fachpraktische Arbeit

Enthält die Verlaufsplanung dunkler unterlegte Hinweise, so stellen diese Alternativen dar. Die entsprechenden Symbole werden halbtransparent dargestellt.

Symbol für „Arbeitsschritte" auf Arbeitsblättern zur fachpraktischen Arbeit:

Das Inhaltsverzeichnis weist jedes Unterrichtsbeispiel in einem Block aus, der neben den für die bildnerische Arbeit benötigten Arbeitsmitteln auch die gestalterischen Schwerpunkte enthält. Zur besseren Orientierung ist jedes Beispiel durch ein Logo gekennzeichnet, das sich auch auf den jeweiligen Folien und Arbeitsblättern wiederfindet.

Die Jahrgangsstufen 5 und 6

Mit der langsam einsetzenden Frühpubertät beginnt auch die Suche der Zehn- bis Zwölfjährigen nach Orientierungspunkten zum Aufbau eines neuen, die kindliche Vorstellungswelt nach und nach ablösenden Bezugssystems.

Im Mittelpunkt der Auseinandersetzung mit Kunst steht das eigene praktische Arbeiten, das Sammeln von Erfahrungen im Umgang mit verschiedenen Materialien, Werkzeugen und Verfahren. Ausgehend von Bildanlässen aus einer emotional geprägten Lebens- und Vorstellungswelt sollten die Schülerinnen und Schüler zum genaueren Beobachten und Wahrnehmen und einer ästhetischen Urteilsfähigkeit gelangen, die durch eine konstruktive, kritische Reflexion gekennzeichnet ist.

Die Förderung des Wahrnehmungs- und Vorstellungsvermögens geht einher mit der Förderung von Ausdauer, Hingabe und Konzentration sowie der Vermittlung und Ausbildung grundlegender bildnerischer Grundtechniken. Schülerinnen und Schüler dieses Alters sind neugierig, experimentierfreudig, fantasievoll und abenteuerlustig. Diese Eigenschaften gilt es, verbunden mit einer spielerischen Art des Lernens, möglichst lange zu erhalten und durch ein Angebot an Lerninhalten zu erweitern, das hilft, sich die Welt neu zu erschließen.

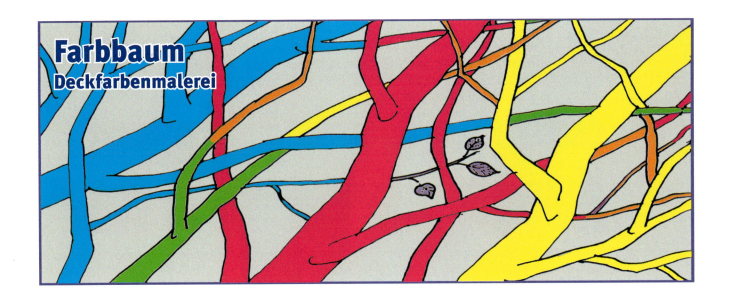

Sachanalyse

Bei der **Mischung von Farben** unterscheidet man die additive von der subtraktiven Farbenmischung. Von additiver Farbenmischung sprechen wir, wenn Farblichter miteinander gemischt werden. Ausgangspunkt additiver Farbenmischung ist daher die völlige Dunkelheit. Durch Addition spektraler Farblichter (vgl. Farben des Regenbogens) entsteht weißes (Sonnen-)Licht (Abb. 1). Anders bei der subtraktiven Farbenmischung: Hier ist immer Weiß der Ausgangspunkt. Subtraktive Farbenmischung findet statt, wenn wir z.B. mit Aquarellfarben gestalterisch tätig werden und Farben mischen, indem wir sie lasierend übereinander auftragen, bis letztendlich (theoretisch) Schwarz entsteht, was bedeutet, dass die weiße Papieroberfläche keine Strahlung mehr remittieren kann (Abb. 2). Bei der optischen Mischung gelten teils additive, teils subtraktive Gesetzmäßigkeiten. Subtraktive Mischung liegt insofern vor, als jeder Farbpunkt, auch jedes winzige Pigment des Farbauftrages einen bestimmten Teil des weißen Lichtes absorbiert und dadurch seine Farbe erhält. Die additive Mischung besteht darin, dass das Auflösungsvermögen unserer Netzhaut nicht ausreicht, die Remissionen dieser Farbpunkte und Pigmente einzeln zu erfassen, sodass diese optisch gemischt werden (Abb. 3).

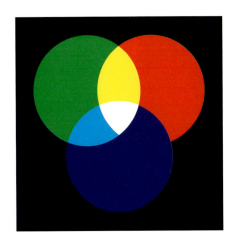

Abb. 1:
additive Mischung

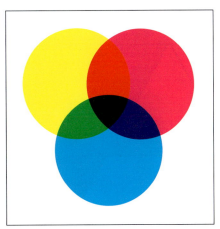

Abb. 2:
subtraktive Mischung

Abb. 3:
optische Mischung

Anhand des Farbkreises lässt sich die Beziehung der Farben zueinander gut veranschaulichen. Mischt man zwei Grundfarben (Primärfarben, Farben 1. Ordnung) miteinander, so ergibt sich eine Mischfarbe (Sekundärfarbe, Farbe 2. Ordnung) (Abb. 4):

Abb. 4: subtraktive Farbenmischung

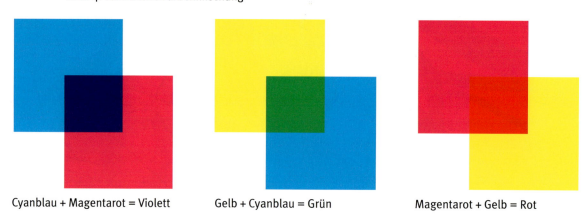

Cyanblau + Magentarot = Violett   Gelb + Cyanblau = Grün   Magentarot + Gelb = Rot

Mischt man alle Primärfarben miteinander, so entsteht (theoretisch) Schwarz (da es aber keine völlig reinen Körperfarben gibt, entsteht lediglich ein dunkler, farbiger Grauton). Zum selben Ergebnis gelangt man, wenn man die Sekundärfarben mischt. Aber auch die Mischung einer Primärfarbe mit der dieser im Farbkreis diametral gegenüberliegenden Sekundärfarbe führt zu diesem Ergebnis. Solche Farbpaare bezeichnet man als Komplementärfarben (Ergänzungsfarben). Ein Komplementärfarbpaar besteht immer aus einer Primär- und einer Sekundärfarbe. Die Farben eines Komplementärfarbenpaares sind zum einen durch den größtmöglichen Abstand zueinander gekennzeichnet, zum anderen ist die Sekundärfarbe des Komplementärfarbpaares eine Mischung aus den beiden verbleibenden Primärfarben und ergänzt sich daher mit der dritten Primärfarbe (theoretisch) zu Schwarz.

Abb. 5

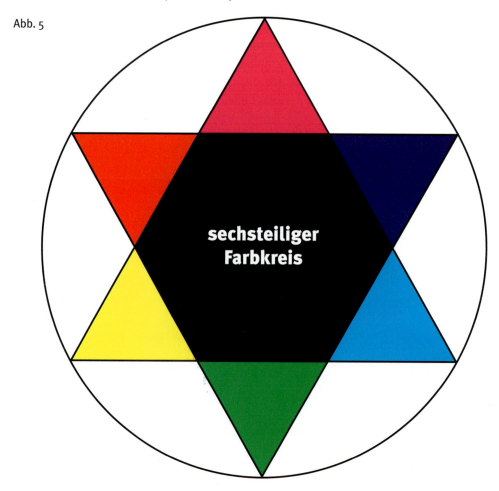

Das bildnerische Thema „**Farbbaum**" hat nur wenig mit dem zur Systematisierung von Farben entwickelten Farbbaum Albert Henry Munsells zu tun. Eine Gemeinsamkeit allerdings besteht darin, dass Farbzusammenhänge sich am organischen Wachstum des Baumes orientieren, das Motiv Baum also dazu dient, diese Zusammenhänge und Abhängigkeiten zu veranschaulichen. Im Gegensatz zu Munsell geht es im vorliegenden Unterrichtsbeispiel jedoch nicht um einen schematisierten, technisierten Baum, sondern um die realistische Zeichnung eines Laubbaumes.

Als **Baum** wird in der Botanik eine ausdauernde (mehrjährige) Pflanze bezeichnet, die einen deutlich erkennbaren aufrechten verholzten Stamm besitzt, der aus einer Wurzel emporsteigt und an dem sich oberirdisch Äste befinden, die wiederum Zweige ausbilden. Die Zweige verlängern sich jedes Jahr durch Austreiben von Endknospen, verholzen dabei und nehmen kontinuierlich an Dicke und Umfang zu. Das besondere Merkmal des Baumes ist also, dass sein holziger Stamm erst in einer gewissen Höhe eine aus blättertragenden Ästen bestehende Krone entwickelt.

Die Art, wie ein Baum sich aufbaut, zeigt Verschiedenheiten, und damit hängt zum Teil auch das Charakteristische des Aussehens der verschiedenen Bäume zusammen. Der Text von Seite 17 enthält keine Angaben darüber, welcher bekannten Laubbaumart der „Farbbaum" gleicht. Einzige Vorgabe sind die drei Hauptäste, die für die drei Grundfarben stehen.

Anliegen der Unterrichtseinheit ist zum einen, grundlegende Kenntnisse im Mischen von Farben zu vermitteln, zum anderen, die Schülerinnen und Schüler zu einer bewussteren Erfassung der Form eines Laubbaumes schlechthin zu führen und damit bekannten Schemabildungen zu begegnen.

Schülerarbeit: Farbbaum

Medien

Anschauungsmittel

- Text, S. 17
- Folien, S. 15/16
- Folie von Arbeitsblatt 1, S. 17
- Schere zum Zerschneiden von Folie 1, S. 15
- Arbeitsblätter, S. 17–19
- Tageslichtprojektor (OHP)
- Projektionswand
- Folienstift
- Tafel, Kreide

Arbeitsmittel

- Arbeitsblätter, S. 17–19
- Schreibzeug
- (Marker)
- graues Tonpapier DIN A3
- Bleistift
- Deckfarben und Zubehör

Zu beachten

- Motiv formatfüllend (Hochformat sollte den Vorzug erhalten) mit Bleistift vorzeichnen

- Auf ein Vorzeichnen der Blätter kann verzichtet werden. Sie können als Pinselabdrucke anschließend in Farbe aufgebracht werden.

- Standlinie des Baumes sollte nicht der untere Bildrand sein.

- Lediglich die drei Farben Cyanblau, Magentarot und Gelb finden Verwendung.

- Am unteren Bildrand ist ein Streifen Grün für eine Wiese oder Graubraun für den Waldboden aufzumalen. Da der Stamm des Farbbaumes in der Mischung der drei Grundfarben ebenfalls ein Graubraun erhält, sollte die Farbe des Waldbodens z. B. einen etwas höheren Anteil Gelb enthalten, sodass sich der Stamm abhebt.

Geplanter Unterrichtsverlauf

	Lehreraktivitäten	Schüleraktivitäten	Sozial-form	Medien	Die Schülerinnen/ Schüler sollen Lernziele
Hinführung	Lehrervortrag: Text, S. 17				• sich zum vorgetragenen Text äußern können.
		Die Schülerinnen und Schüler äußern sich zum Text.			
	Ausgabe von Arbeitsblatt 1, S. 17				
	Besprechung der Aufgabenstellungen von Arbeitsblatt 1, S. 17				
Erarbeitung		Die Schülerinnen und Schüler bearbeiten die Aufgaben von Arbeitsblatt 1, S. 17.			• am Text arbeiten und Form- und Farbmerkmale des beschriebenen Baumes nennen können.
	Folie von Arbeitsblatt 1, S. 17				
		Ergebnissicherung: Einzelne Schülerinnen und Schüler präsentieren ihre Ergebnisse anhand der Folie von Arbeitsblatt 1, S. 17.			
	Ausgabe von Arbeitsblatt 2, S. 18				
	Besprechung der Aufgabenstellungen von Arbeitsblatt 2, S. 18				
		Die Schülerinnen und Schüler bearbeiten Arbeitsblatt 2, S. 18.			• die fachpraktische Aufgabe gemäß der Aufgabenstellung bearbeiten können.
	Folie 1, S. 15				• die beim Mischen von zwei Primärfarben entstehende Sekundärfarbe nennen und den Mischvorgang anhand von Farbfolien demonstrieren können.
		• Die Schülerinnen und Schüler nennen die Sekundärfarben, die sich beim Mischen der Primärfarben ergeben. • Sie demonstrieren den Mischvorgang anhand der Farbfolien.			
	Besprechung der Aufgabenstellungen von Arbeitsblatt 3, S. 19				• ihre Erkenntnisse schriftlich festhalten können.
		Ergebnissicherung: Die Schülerinnen und Schüler bearbeiten Arbeitsblatt 3, S. 19.			
	Präsentation von Folie 2, S. 16				
	Bildbetrachtung: Erscheinungsbild eines Laubbaumes				• sich zum Aufbau eines Laubbaumes äußern können.
	Tafelanschrieb: fachpraktische Aufgabe *„Farbbaum". Deckfarben auf grauem Papier*				
Anwen-dung		Die Schülerinnen und Schüler bearbeiten die bildnerische Aufgabe.			• die bildnerische Aufgabe bearbeiten können.

13

didaktischer Kommentar

Ein Lehrervortrag leitet dieses Unterrichtsbeispiel ein. Anhand der Geschichte von einem unscheinbaren Bäumchen, das zu einem prächtigen „Farbbaum" heranwächst, sollen die Beziehungen von Primär- und Sekundärfarben erarbeitet werden. Nachdem sich die Schülerinnen und Schüler zum Vortrag geäußert haben, beginnt die Arbeit am Text. Die Schülerinnen und Schüler erhalten diesen mit Arbeitsblatt 1, S. 17, verbunden mit der Aufgabe, die enthaltenen Angaben zur Form und Farbe des beschriebenen Baumes herauszuschreiben. Die Ergebnissicherung dieser Arbeitsphase erfolgt anhand einer Folie von Arbeitsblatt 1. Arbeitsblatt 2, S. 18, enthält fachpraktische Übungen hierzu. Folie 1, S. 15, dient anschließend zur Demonstration und Festigung der erkannten Farbmischergebnisse. Arbeitsblatt 3, S. 19, kann zur abschließenden Ergebnissicherung dienen und ggf. als Hausaufgabe bearbeitet werden.

Neben grundlegenden Kenntnissen im Bereich der Farbenlehre sollen die Schülerinnen und Schüler auch Hilfen und Anregungen zum Zeichnen eines Laubbaumes erhalten, die den bekannten Schemabildungen entgegenwirken. Der Standlinienproblematik zu begegnen, ist ein weiteres Anliegen dieses Unterrichtsinhaltes. Der Farbbaum soll nicht vom unteren Bildrand aus nach oben wachsen, sondern auf einer Wiese stehen. Als Malgrund dient graues Tonpapier. Auf dem unbunten Hintergrund kommen die Buntfarben des Baumes besonders gut zur Geltung. Am besten lässt man die Schülerinnen und Schüler die Näpfchen der drei Grundfarben dem Deckfarbenkasten entnehmen, damit wird die Einschränkung auf die Verwendung dieser drei Farben deutlicher.

Anhand von Folie 2, S. 16 lässt sich das Wachstum und die Struktur eines Laubbaumes verdeutlichen. Die Verjüngung von Ästen und Zweigen muss in diesem Zusammenhang ebenso angesprochen werden wie deren Überschneidungen.

Baumstamm, Äste und Zweige sollten mit Bleistift vorgezeichnet werden. Auf ein Vorzeichnen der Blätter kann verzichtet werden; sie können später als Pinseldruck aufgebracht werden.

Abb. 2

Abb. 1

Abb. 3

Abb. 4

© Schöningh Verlag, Best.-Nr. 018120

Auf einer Lichtung inmitten des großen Laubwaldes stand ein kleines, unscheinbares Bäumchen. Die kräftigen Buchen, die knorrigen Eichen, die stolzen Erlen und die vornehmen Birken machten ihre Späße über das mickrige Bäumchen und schüttelten sich vor Vergnügen und bogen sich vor Lachen, denn im Gegensatz zu ihnen hatte es keine grünen Blätter, auch im Herbst keine braunen oder roten, sondern weiße. Sogar sein Stamm war weiß, es war überhaupt ganz und gar weiß.

So vergingen mehrere Jahre; das weiße Bäumchen hatte sich zu einem ==kräftigen jungen Baum mit drei starken Hauptästen== entwickelt, von welchen zahlreiche Nebenäste abgingen, die sich überkreuzten und mit ihren Zweigen und Blättern ein dichtes Geflecht bildeten. Die anderen Bäume hatten sich inzwischen an die Andersartigkeit und den Anblick des weißen Baumes gewöhnt und beachteten diesen nicht mehr.

Doch eines Tages staunten sie nicht schlecht. An den drei Hauptästen des weißen Baumes zeigten sich Farbschimmer. Zunächst waren sie auf dem Weiß nur ganz schwach zu erkennen, doch von Stunde zu Stunde, von Tag zu Tag wurden die Farben kräftiger. Der eine Ast begann sich blau zu färben, der andere rot und der dritte gelb. Schon nach wenigen Tagen ==erstrahlten die drei Äste in leuchtendem Cyanblau, Magentarot und Gelb==.

Das Rauschen, das den ganzen Wald durchdrang, als die Neuigkeit von Baum zu Baum ging, machte einer erwartungsvollen Stille Platz. Einige ältere Bäume ließen vor Aufregung schon einzelne Blätter fallen, obgleich der Herbst noch lange nicht in Sicht war. So etwas hatten selbst die uralten Eichen noch nicht erlebt. Doch wie staunten sie erst, als sich die Farben über den ganzen Baum ausgebreitet hatten!

Die drei Hauptäste hatten ihre jeweilige Farbe an ihre Nebenäste, Zweige und Blätter weitergegeben. Und da, wo Äste, Zweige oder Blätter mit unterschiedlichen Farben sich berührten, vermischten sich diese Farben zu einer neuen, anderen Farbe. Es war ein prachtvoller Anblick, der sich ihnen bot, und ein ganz klein wenig schämten sie sich wegen der derben Späße, die sie einst über den weißen Baum gemacht hatten. Auch ein bisschen Neid kam auf, insbesondere den Birken fiel es schwer, einzugestehen, dass der „Farbbaum", wie sie ihn nun alle nannten, noch schöner war als sie. Und insgeheim hofften sie, dass die Farbenpracht nur von kurzer Dauer sei, da sich im Stamm des Farbbaumes die drei Farben der Hauptäste, nämlich Cyanblau, Magentarot und Gelb, zu einem Graubraun mischten, wie es auch die Stämme, Äste und Zweige der anderen Bäume aufwiesen.

■ ■ **AUFGABE 1:** Unterstreiche oder markiere Textstellen, die das Aussehen des Farbbaumes beschreiben.

■ ■ **AUFGABE 2:** Was erfahren wir über a) die Form des Farbbaumes, b) was über die Farbe?

FORM	FARBE
kräftiger Baum mit drei starken Hauptästen	*in Cyanblau, Magentarot und Gelb*
_____	_____
_____	_____
_____	_____
_____	_____

© Schöningh Verlag, Best.-Nr. 018120

WICHTIG: Du benötigst zur Bearbeitung der nachfolgenden Aufgaben nur drei Farben: Cyanblau, Magentarot und Gelb.

■■ Aufgabe 1:

a) Vervollständige den Bildausschnitt, indem du mit Bleistift weitere Äste, Zweige und Blätter einzeichnest.

b) Ordne den beiden **Hauptäste** eine der drei Farben Cyanblau, Magentarot oder Gelb zu. Male die Äste in der jeweiligen Farbe an. Male auch die abzweigenden kleineren Äste, Zweige und Blätter in der Farbe des Hauptastes an.

c) Da, wo sich Zweige und Blätter verschiedener Farben berühren, sollen sich die jeweiligen Farben vermischen.

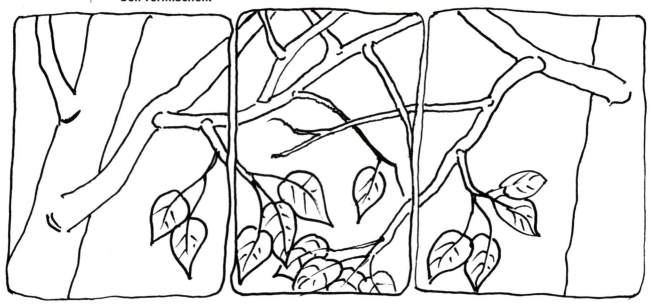

■■ Aufgabe 2: Der Bildausschnitt zeigt den Übergang der drei Hauptäste zum Stamm. Zeige, wie sich die drei Farben der Äste im Stamm zu einer neuen Farbe mischen.

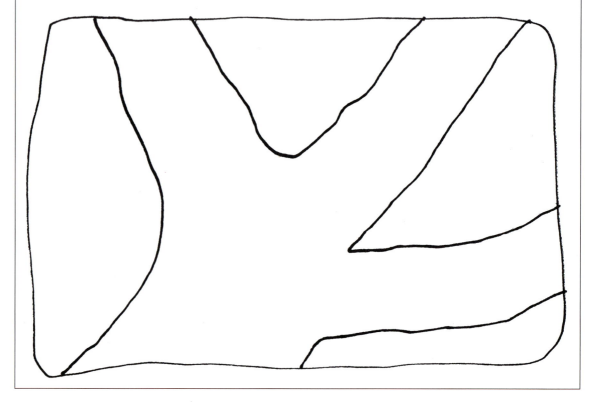

© Schöningh Verlag, Best.-Nr. 018120

Der sechsteilige Farbkreis

Die drei Grund- oder Primärfarben (auch als Farben 1. Ordnung bezeichnet):

_____   _____   _____

Die drei Mischfarben oder Sekundärfarben (Farben 2. Ordnung) ergeben sich, wenn man benachbarte Grundfarben zu gleichen Teilen miteinander mischt.

| + | + | + |

_____   _____   _____

Mischt man die drei Primärfarben und/oder die drei Sekundärfarben, so erhält man

_____

© Schöningh Verlag, Best.-Nr. 018120

Kartoffelstempeldruck

Sachanalyse

Die Geschichte der Krawatte reicht weit zurück. Während die Krawatte heute im Outfit der Männer lediglich ein ausdrucksstarkes Schmuckstück darstellt, erfüllte sie im Laufe der Geschichte neben dieser Aufgabe auch andere Funktionen. Vorläufer der Krawatte schützten den Hals vor der Kälte, waren Bestandteil von Uniformen oder dienten zur Verdeutlichung des militärischen Dienstgrades.

So tragen die lebensgroßen Tonkrieger, die zu Tausenden das Grab des chinesischen Kaisers Shih Huang-ti bewachten, krawattenähnliche, ihrem Dienstgrad entsprechende Tücher um den Hals (Abb. 1).

Auch Kaiser Augustus soll bereits eine Art Krawatte, die sog. „Focale", getragen haben. Im Relief der Trajanssäule dargestellte römische Krieger tragen ebenfalls diese Halsbekleidung. Vermutlich entstand die Focale (von faux/fauces → Hals, Rachen) in Abwandlung eines bei den Germanen getragenen Halstuches, das zum Schutz gegen die raue Witterung diente. Die Focale blieb dem Militär vorbehalten und durfte nur auf Kriegszügen getragen werden. In Rom galt ihr Tragen als weibisch (Abb. 2).

Kroatische Söldner erregten im 17. Jahrhundert in Paris aufgrund ihres an die römische Focale angelehnten Schales Aufsehen (Abb. 3). Schon bald fand er Eingang in die zivile Mode. Daher vermutet man im Wort „Croate" einen möglichen Ursprung für die Bezeichnung „Cravate".

Abb. 1: einer der ersten Krawattenträger der Welt: Tonsoldat der Armee des Shih Huang-ti (210 v. Chr.)

Abb. 2: Die auf der Trajanssäule dargestellten Soldaten tragen unter ihrem Brustpanzer einen vor dem Hals verknoteten Schal, die sog. Focale (106 n. Chr.).

Abb. 3: Aufbruch aus einem Kroaten-Feldlager (Gemälde von Franz Cristophe)

Die eigentliche Urform der heutigen Krawatte wird jedoch in der „Steinkerke" gesehen. Der Name geht auf eine Begebenheit während des Pfälzischen Erbfolgekrieges zurück (1688–1697), die sich in dem belgischen Ort Steinkerke (1692) zutrug. Von einem englischen Angriff überrascht, blieb den französischen Offizieren nicht mehr genügend Zeit, sich korrekt zu kleiden. Sie banden die Uniformtücher zu einem losen Knoten und steckten die Enden durch die Knopflöcher der Uniformjacke (Abb. 4). Unter Ludwig XVI. setzten sich die Cravates à la Chancelière durch.

Diese Mode war allerdings nur von kurzer Dauer und mit der Französischen Revolution verschwanden auch die Krawatten und machten um den Hals geschlungenen Tüchern Platz.

Um 1800 erregt in London der Dandy Beau Brummel durch seine Fertigkeit, die Krawatte zu binden, großes Aufsehen. In den Folgejahren verhilft der Ausspruch „La cravate, c'est l'homme" des französischen Dichters und Lebemanns Honoré de Balzac (1799–1850) der Krawatte

Abb 4: Das Bild zeigt den Duc de Savoye mit Steinkerke.

ebenso zum endgültigen Durchbruch als letztes dem Mann gebliebenes Schmuckelement wie die nun erscheinende Literatur zu diesem Thema.

Bei der Steinkerke hatte es wenig Möglichkeiten der Musterung gegeben, so zeigten sich erste zaghafte Muster erst um 1820. Angeregt durch Fürst Pückler kamen bald schon ausdrucksvollere Muster auf. In den folgenden Jahrzehnten setzten sich die heute als klassisch geltenden „Allover-Dessins" (Abb. 5) und der „Viererversatz" (Abb. 6) durch. Seltener hingegen vertreten ist der sog. „Taumelversatz", dem keine regelmäßige Anordnung zugrunde liegt, sondern dessen Figuren wild durcheinander wirbeln, sodass der Eindruck des Umhertaumelns entsteht.

Ende der Dreißigerjahre des 20. Jh. kamen Bordürenkrawatten (Abb. 7) in Mode. War bis dahin bei gestreiften Krawatten nur die Diagonale en vogue, so setzten sich 1949/50 hier auch die vertikale und horizontale Ausrichtung bei Streifendessins durch. Man bezeichnete diese als „Heroldstreifen" (Abb. 8).

1950 begann mit dem „Bandelierstreifen", der wegen seines nur einmaligen Auftretens auch als „Séparéestreifen" bezeichnet wird (Abb. 9), eine Tendenz, die in den USA im so genannten „Unterknotenmotiv" (Abb. 10) ihre Fortsetzung fand. Variationen der „Séparées" sind die „Panels", horizontal angeordnete, nur einmal auftretende Streifen (Abb. 11), und die „Diabolo-Motive" (Abb. 12).

Ein klassisches Streifendessin ist das „Mogadormuster", das nach dem Streifenmuster der Djeba, dem sackartigen Hemdgewand, wie es auch in der kleinen marokkanischen Stadt Mogador (heute Essauira) getragen wurde, benannt ist (Abb. 13). Ein weiteres klassisches Muster ist das „Paisley-Motiv" (Abb. 14), das bereits im antiken Rom bekannt war und aus Kaschmir stammt. Die Hauptfiguren dieses Musters stellen Föhrenzapfen dar, ein Motiv, das seit Jahrtausenden als Symbol der Fruchtbarkeit gilt.

Abb. 5:
Allover-Dessin

Abb. 6:
Viererversatz

Abb. 7:
Bordüren-Krawatte

Abb. 8:
Heroldstreifen

Abb. 9:
Bandelierstreifen

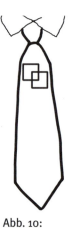
Abb. 10:
Unterknoten-Motiv

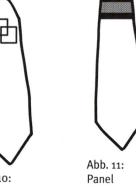
Abb. 11:
Panel

Abb. 12:
Diabolo-Motiv

Abb. 13:
Mogadormuster

Abb. 14:
Paisley-Motiv

Abb. 15:
Streifendessins

22

Medien

Anschauungsmittel

- Folien, S. 26/27
- Folie von Arbeitsblatt 1, S. 28
- Tageslichtprojektor (OHP)
- Projektionsfläche
- Folienstifte in mehreren Farben
- Arbeitsblatt 3, S. 30 (bearbeitet)

Arbeitsmittel

- Arbeitsblätter, S. 28 – 30
- Schreibzeug
- Bleistift
- Holz- oder Filzstifte in verschiedenen Farben
- 2 bis 3 rohe Kartoffeln
- Küchenmesser
- Deckfarben und Zubehör
- Tonpapier in verschiedenen Farben
- Schere

Zu beachten

- Krawattenform möglichst groß wählen
- Krawattenspitze dem rechten Winkel annähern
- Deckfarbe dickflüssig auftragen
- Kartoffelstempel
  – müssen sich gut greifen lassen
  – dürfen keine Hinterschneidungen haben
  – sollten möglichst plane Stempelflächen haben.
- Anweisungen zum Gebrauch des Küchenmessers geben
- Dient dunkles Papier zum Bedrucken, der Farbe etwas Deckweiß zumischen

Geplanter Unterrichtsverlauf

	Lehreraktivitäten	Schüleraktivitäten	Sozial-form	Medien	Die Schülerinnen/ Schüler sollen (Lernziele)
Hinführung	Präsentation von Folie 1, S. 26 → „Dalli Klick": sukzessives Aufdecken				• das Folienbild erkennen können.
		Die Schülerinnen und Schüler erraten, was sich unter der Abdeckung verbirgt.			• sich angesprochen fühlen, skizzenhafte Dessins für die beiden Krawatten vorzustellen.
	• „Hier ist eine neue Krawatte fällig!" • Präsentation von Folie 2, S. 27 • Bereitstellung von Folienstiften in verschiedenen Farben				
		Die Schülerinnen und Schüler äußern sich zum Folienbild.			
Erarbeitung		• Einzelne Schülerinnen und Schüler visualisieren ihre Vorschläge auf der Folie. • Neben ornamentalen Dessins werden evtl. auch Motive präsentiert.			• ornamentale und/ oder motivische Dessins skizzieren können.
	Ausgabe von Arbeitsblatt 1, S. 28				• die abgebildeten Krawatten aufgrund ihrer Dessins Gruppen zuordnen können. • den Gruppen passende Bezeichnungen zuordnen können.
	Besprechung der Aufgabenstellung von Arbeitsblatt 1, S. 28				
		Die Schülerinnen und Schüler bearbeiten Arbeitsblatt 1, S. 28.			
	Präsentation der Folie von Arbeitsblatt 1, S. 28				
	Besprechung der Ergebnisse der Partnerarbeit (Arbeitsblatt 1, S. 28)				• die Ergebnisse der Partnerarbeit präsentieren können.
		• Einzelne Schülerinnen und Schüler übertragen ihre Ergebnisse auf die Folie. • Die Schülerinnen und Schüler korrigieren ggf. ihre Ergebnisse.			
	Ausgabe der Arbeitsblätter 2 und 3, S. 29/30				
	Besprechung der Aufgabenstellung von Arbeitsblatt 2, S. 29, Aufgabe 1				
		Die Schülerinnen und Schüler bearbeiten Arbeitsblatt 2, S. 29, Aufgabe 1, und Arbeitsblatt 3, S. 30.			
	• Besprechung der Ergebnisse (Arbeitsblatt 2, S. 29, Aufgabe 1, und Arbeitsblatt 3, S. 30) • Einzelne Schülerinnen und Schüler stellen ihre Entwürfe vor. • Besprechung der Aufgabenstellung von Arbeitsblatt 2, S. 29, Aufgabe 2				• die Ergebnisse ihrer Arbeit vorstellen können.
Anwendung		Die Schülerinnen und Schüler bearbeiten die fachpraktische Aufgabe (Arbeitsblatt 2, S. 29, Aufgabe 2).			• die bildnerische Aufgabe bearbeiten können.

24

didaktischer Kommentar

Nachdem die Krawatte jahrzehntelang insbesondere bei jüngeren Leuten verpönt war, erfreut sie sich inzwischen auch in dieser Altersgruppe wieder zunehmender Beliebtheit. Aufgrund der vielfältigen gestalterischen Möglichkeiten, die sich im Bereich der Krawattendessins eröffnen, ist sie auch ein dankbarer Gegenstand für den Kunstunterricht. Neben der Gestaltungsaufgabe erhalten die Schülerinnen und Schüler Einblick in die verschiedenen Arten der Dessins und lernen die entsprechenden Bezeichnungen hierfür kennen.

Im Bereich des Musters und Ornaments eröffnet sich ein weites Feld gestalterischer Möglichkeiten, das auch individuelle und eigenwillige Lösungen zulässt. Ebenso bietet die farbige Gestaltung mannigfaltige Möglichkeiten. So lassen sich Farbkontraste ebenso gezielt umsetzen wie fein nuancierte Abstufungen.

Als Technik zur Realisation bietet sich der Kartoffelstempeldruck an. Er ermöglicht zum einen die Fertigung individueller Formstempel und zum anderen deren Druck im Rapport. Darüber hinaus verlangt die Technik ein gewisses Maß an Abstraktion, was der Gesamtwirkung zugute kommt.

Über das Arbeitsblatt 1, S. 28, lernen die Schülerinnen und Schüler verschiedene Grunddessins von Krawatten kennen. Arbeitsblatt 2, S. 29, verdeutlicht am Beispiel des Viererversatzes, dass die Bildelemente nicht beliebig angeordnet sind, sondern der Anordnung gewisse Regeln und Strukturen zugrunde liegen. Die Schülerinnen und Schüler entwerfen das Dessin für einen Viererversatz; hierzu dienen Holz- oder Filzstifte. Sie orientieren sich bei der Gestaltung an den vorgegebenen Hilfslinien. Auf Arbeitsblatt 3, Seite 30, wird dieser Entwurf vergrößert als Kartoffelstempeldruck ausgeführt. Die Schülerinnen und Schüler erfahren hierbei Möglichkeiten und Grenzen dieser Technik. Sie erkennen, dass sich in diesem Format zu detaillierte Formen nicht mit dem Stempeldruckverfahren realisieren lassen.

Als Bildträger für die Realisation bietet sich Tonpapier an, dessen Farbe entsprechend der angestrebten Wirkung gewählt wird. Die Krawattenform sollte möglichst groß sein, damit nicht zu kleinteilig gearbeitet werden muss. Als Ausgangsformat können Papierstreifen von 50 x 10 cm dienen.

Die Krawattenspitze bildet einen rechten Winkel, der am besten mit einem Geodreieck eingezeichnet wird. Je nach Musterung sind mit Bleistift dünne Hilfslinien einzuzeichnen. Sie dienen beim Stempeln zur Orientierung. Bei der Herstellung der Kartoffelstempel ist darauf zu achten, dass

- die Stempelflächen plan sind,
- die Stempel keine Hinterschneidungen aufweisen,
- die Stempel sich gut greifen lassen.

Der Hinweis an die Schülerinnen und Schüler, dass sich nur rohe Kartoffeln zur Herstellung von Stempeln eignen, kann nicht schaden.

KRAWATTEN
Tolle Farben und Dessins!

Ordne die Krawatten folgenden vier Gruppen zu:
1. Motiv-Krawatte
2. Allover-Dessin
3. Viererversatz
4. Streifendessin

Abb. 1　Abb. 2　Abb. 3　Abb. 4　Abb. 5
Abb. 6　Abb. 7　Abb. 8　Abb. 9　Abb. 10

© Schöningh Verlag, Best.-Nr. 018120

■■ Aufgabe 1:

Entwirf das Dessin für einen „Viererversatz".
Verwende Filz- oder Buntstifte und arbeite großzügig.

- Fertige hierfür entsprechende Kartoffelstempel (Vergrößerung!).
- Bedrucke damit die Krawattenform von Arbeitsblatt 3.
- Orientiere dich beim Bedrucken der Krawattenform an den eingezeichneten Hilfslinien!

■■ Aufgabe 2:

Gestalte auf einem Streifen Tonpapier (50 x 10 cm) ein Krawattendessin.

a) Zeichne zunächst mit Bleistift formatfüllend die Form der Krawatte auf.
b) Überlege dir ein interessantes Muster.
c) Zeichne notwendige Hilfslinien ein.
d) Fertige den/die Kartoffelstempel, den/die du zum Drucken dieses Musters brauchst.
e) Schneide die bedruckte Form aus.

Der Kartoffelstempeldruck

Material und Werkzeug:
- sauber gewaschene Kartoffel
- Küchenmesser
- Deckfarben / Pinsel

Abb. 1   Abb. 2

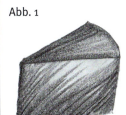
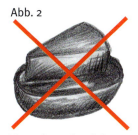

Stempel so zurechtschneiden, dass du siehst, wohin du druckst.

Abb. 3   Abb. 4

Stempel für feine Linien bruchsicher und formstabil fertigen.

Achte darauf, dass
- die Stempelfläche plan ist.
- die Ränder des Stempels sauber geschnitten sind.
- die auf den Stempel aufzutragende Farbe nicht zu wässrig ist.
- beim Drucken keine Quetschränder entstehen.

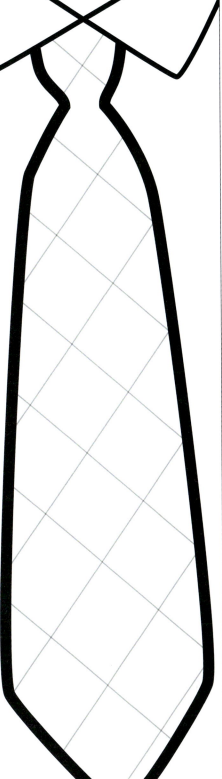

Abb. 5

© Schöningh Verlag, Best.-Nr. 018120

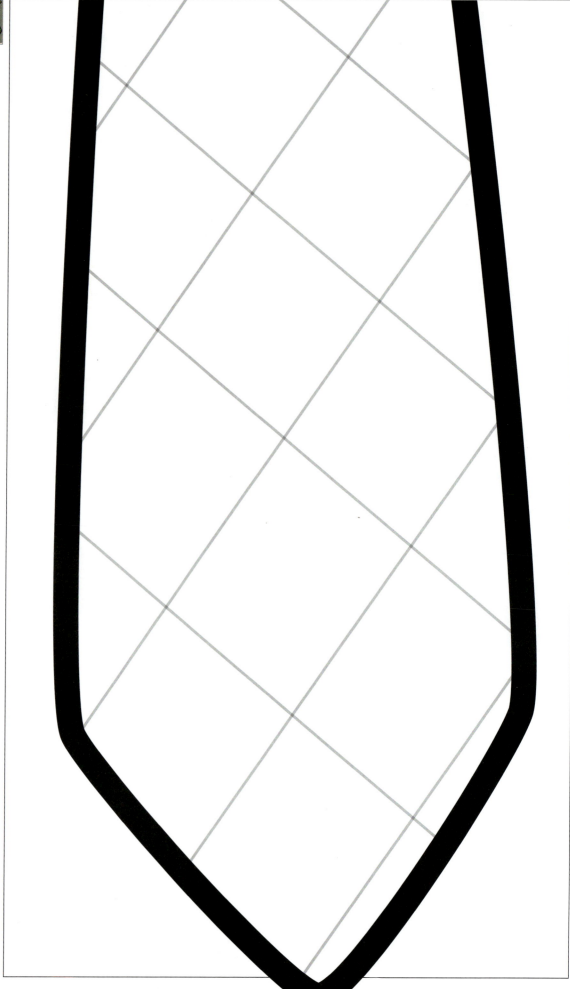

© Schöningh Verlag, Best.-Nr. 018120

Schülerarbeiten: Krawatten (Kartoffelstempeldruck)

Sachanalyse

Staumeldungen im Rundfunk und in Nachrichtensendungen des Fernsehens sind schon seit langem so alltäglich geworden, dass wir sie oft nur noch bewusst aufnehmen, wenn wir selbst unmittelbar davon betroffen sind. Wir ordnen dem Begriff „Stau" klare Bilder zu. Die Mehrzahl der Schülerinnen und Schüler kennt diese Bilder aus der Perspektive der Betroffenen, wohl alle kennen sie aus dem Fernsehen. Im Gegensatz zum Fernsehbild, das meist Staus in der Totale mit Aufsicht präsentiert, und der begrenzten Sicht des im Stau Stehenden bedient sich das vorliegende Unterrichtsbeispiel der Seitenansicht der sich stauenden Fahrzeuge als Motiv. Durch Staffelung wird eine räumliche Wirkung erzielt, wobei auf Aufsicht verzichtet wird und weder Schrägbild noch linearperspektivische Lösungen intendiert werden.

Das Wort „Superstau" ist inzwischen zum gängigen Begriff geworden. Zum Beginn der Sommerferien sind in den Tageszeitungen Schlagzeilen zu lesen wie „Ferien bringen Superstaus" oder „Auf Autobahnen droht Superstau-Wochenende". Der Begriff „Superstau" beschreibt einen besonders langen Stau, keinen zeitlich und ausdehnungsmäßig begrenzten Stau, wie wir ihn täglich morgens und abends auf dem Weg zum Arbeitsplatz und zurück erleben können. Am Weihnachtswochenende 1991 mussten die Autofahrer den wohl bisher längsten Stau „aussitzen", als sich auf den 195 Kilometern zwischen Frankfurt/Main und München nichts mehr bewegte (PM Magazin 5/1993).

Das Motiv „Stau" stellt die Schülerinnen und Schüler vor räumliche Probleme. Die Beschränkung auf die Seitenansicht macht die Aufgabe aber auch für Schülerinnen und Schüler dieses Alters lösbar. Eine räumliche Wirkung ergibt sich bereits durch die Anordnung der Fahrzeuge auf verschiedenen Standlinien im Bildraum und die damit einhergehenden Überschneidungen. Dreidimensionale Darstellungen sind hierbei nicht erforderlich, ebenso wenig eine Abnahme der Größe mit zunehmender Entfernung oder farbperspektivische Wirkungen. Die Darstellung lebt von den Form- und Farbkontrasten der Fahrzeuge und einem ins Detail gehenden zeichnerischen Erzählen.

Für eine überzeugende Bildwirkung ist es jedoch wichtig, den Bildraum so mit Fahrzeugen zu füllen, dass nur an wenigen Stellen der Fahrbahnbelag sichtbar wird. Die Tendenz der Schülerinnen und Schüler, den unteren Bildrand als Standlinie zu verwenden, macht die Vorgabe von im Bildraum festgelegten Standlinien notwendig. Insbesondere die vom unteren und oberen Bildrand angeschnittenen Darstellungen von Fahrzeugen erfordern hierbei ausgiebige Klärung.

Medien

Anschauungsmittel

- ✔ Fantasiereise, S. 36
- ✔ Tafel
- ✔ Kreide
- ✔ Folie von Arbeitsblatt 1, S. 37
- ✔ Folienstift
- ✔ angefeuchtete Rechtecke aus Tonpapier
- ✔ DIN A3-Bogen mit eingezeichneten Standlinien (vgl. S. 38)
- ✔ bemalte und ausgeschnittene Auto-Darstellungen (vgl. Arbeitsblatt 2, S. 38)

Arbeitsmittel

- ✔ Zeichenblock DIN A3
- ✔ Bleistift
- ✔ Deckfarben und Zubehör
- ✔ Buntstifte
- ✔ Filzstifte
- ✔ Arbeitsblätter S. 37/38
- ✔ Schere
- ✔ Klebstoff

Zu beachten

- Räumlichkeit durch Staffelung: Vermeidung „schwebender" Fahrzeuge
- Große Fahrzeuge, z.B. LKW, nur auf den hinteren Spuren darstellen
- Filzstifte erst nach dem Auftrocknen der Deckfarben verwenden
- Die Größen der dargestellten Fahrzeuge haben sich an der vorgegebenen Form (Arbeitsblatt 2, S. 38) zu orientieren.
- Als Gemeinschaftsarbeit: Vorgabe der Standlinien beachten, Absprachen hinsichtlich der Ausrichtung und Größe der Fahrzeugdarstellungen und deren Weiterführung an den linken und rechten Bildrändern treffen

Geplanter Unterrichtsverlauf

	Lehreraktivitäten	Schüleraktivitäten	Sozial-form	Medien	Die Schülerinnen/ Schüler sollen
Hinführung	Lehrervortrag: Fantasiereise, S. 36				• sich das Bild eines Staus vorstellen können.
		Die Schülerinnen und Schüler äußern sich zum Thema „Stau".			
	Vorbereitung des mobilen Layouts (vgl. S. 35)				
Erarbeitung	Einzelne Schülerinnen und Schüler erstellen ein Layout zum Motiv „Stau" in Seitenansicht.				• mithilfe von Papier-rechtecken die Vor-stellung von einem Stau visualisieren können.
	Ggf. Korrektur durch Mitschüler oder die Lehrkraft (z. B. Standlinien/Über-schneidungen)				
	Ausgabe von Arbeitsblatt 1, S. 37				
	Besprechung der Aufgabenstellung von Arbeitsblatt 1, S. 37				
		Die Schülerinnen und Schüler bearbeiten Arbeitsblatt 1, S. 37.			• verschiedene Arten und Erscheinungs-formen von Fahrzeu-gen nennen können.
	Ergebnissicherung: Einzelne Schülerinnen und Schüler übertragen ihre Arbeitsergebnisse auf die Folie (von Arbeitsblatt 1, S. 37).				
	Ausgabe von Arbeitsblatt 2, S. 38				• das dargestellte Auto grafisch ergänzen und malerisch gestalten können.
	Besprechung der Aufgabenstellung von Aufgabe 1, Arbeitsblatt 2, S. 38				
		Die Schülerinnen und Schüler bearbeiten Aufgabe 1, Arbeitsblatt 2, S. 38.			
	Ein DIN A3-Blatt mit eingezeichneten Standlinien (vgl. Arbeits-blatt 2, S. 38, Aufgabe 2) wird auf einem Tisch oder dem Fußbo-den ausgelegt.				• die Beziehung zwi-schen Standlinien und Überschneidungen erkennen können.
		• Die Schülerinnen und Schüler versammeln sich mit den ausge-schnittenen Autos um das ausgelegte Blatt. • Einzelne Schülerinnen und Schüler ordnen ihr Auto auf dem Blatt an. • Ggf. Korrektur durch Mitschüler			• Lösungen für die Gestaltung der von den Bildrändern ange-schnittenen Fahrzeuge entwickeln können.
	Erarbeitung der unter Aufgabe 2, Arbeitsblatt 2, S. 38, genannten Hinweise				
		Die Schülerinnen und Schüler begeben sich wieder an ihre Sitzplätze.			
	• Besprechung einzelner Punkte von Aufgabe 2, Arbeitsblatt 2 • Besprechung der Skizze und der Maßangaben zum Anlegen der Standlinien				
Anwen-dung		Die Schülerinnen und Schüler bearbeiten die fachpraktische Auf-gabe gemäß der Aufgabenstellung.			• die fachpraktische Aufgabe bearbeiten können.

Eine Fantasiereise stimmt die Schülerinnen und Schüler auf das Thema ein. Sie verbalisieren Erfahrungen mit Staus und nennen stautypische Bilder. Da Kinder dieses Alters bestenfalls ansatzweise über Verfahren zur dreidimensionalen Darstellung verfügen, erfolgt die Realisation in Seitenansicht. Sie lässt eine planparallele Staffelung der Bildelemente zu und vermittelt damit auch die Illusion von Raumtiefe. Parallelperspektivische Ansätze können zusätzlich, je nach Entwicklungsstand des Kindes, eingebracht werden.

Die Erarbeitung der räumlichen Problematik im Zusammenhang mit Standlinien, Überschneidungen und „schwebenden" Fahrzeugen erfolgt über ein einfaches mobiles Layout: Ein an die Tafel gezeichnetes Rechteck steht für das Zeichenblatt. Kleinere Rechtecke aus verschiedenfarbigem Tonpapier stellen die Fahrzeuge dar. Nass gemacht, haften diese Papierrechtecke für ca. 15 Minuten an der Tafel und lassen sich während dieser Zeit mehrfach in ihrer Position verändern.

Arbeitsblatt 2, Seite 38, verfolgt drei Ziele: Erstens soll die Aufmerksamkeit der Schülerinnen und Schüler durch das Ergänzen der fehlenden Teile am dargestellten Fahrzeug auf eine detaillierte Darstellung gelenkt werden.

Zweitens lässt sich mithilfe der ausgeschnittenen Autos auf einem DIN A3-Blatt, das analog zu Abbildung 2 des Arbeitsblattes von Seite 38 eingezeichnete Standlinien aufweist, nochmals die Anordnung der Bildelemente im Bildraum demonstrieren. Des Weiteren kann in diesem Zusammenhang die Frage geklärt werden, wie mit den von den Bildrändern angeschnittenen Fahrzeugen zu verfahren ist. Im Gegensatz zum oberen und unteren Bildrand, wo die Darstellungen bei einer formatfüllenden Ausführung zwangsläufig angeschnitten sein müssen, bieten die seitlichen Ränder die Möglichkeit der Zusammenarbeit mit den Banknachbarn. Auf diese Weise entsteht eine Gemeinschaftsarbeit, die dem Titel „Superstau" in ganz besonderer Weise gerecht wird.

Drittens gibt die fertig gestellte Darstellung später, ausgeschnitten und auf das Zeichenblatt aufgeklebt, die Größe der hinzuzufügenden Fahrzeuge vor. Dieses aufzuklebende Fahrzeug sollte möglichst weit im Vordergrund, d.h. unten im Bild angeordnet werden, da sonst zu viel Freifläche entsteht, es sei denn, die aufzuklebende Form wird so zurechtgeschnitten, dass sie sich in die Staffelung der Fahrzeuge einfügt. Durch die Vorgabe der Standlinien soll vermieden werden, dass der untere Bildrand von Schülerinnen und Schülern als Standlinie verwendet wird.

In Aufgabe 1 des Arbeitsblattes 2, Seite 38, sollen sich die Schülerinnen und Schüler der verschiedenen Arten von Fahrzeugen, die unsere Straßen befahren, bewusst werden.

Das Motiv beschränkt sich nicht auf die Darstellung von verschiedenen Fahrzeugen; es bietet ebenso die Möglichkeit zum zeichnerischen Fabulieren. Daher finden neben den der Gestaltung größerer Flächen vorbehaltenen Deckfarben auch Bunt- und Filzstifte Verwendung. Letztere bieten sich insbesondere für detaillierte Binnenzeichnungen oder auch Schriftzüge auf trockenem, in helleren Farben ausgeführtem Deckfarbenauftrag an. Die Gestaltung der Fahrzeugfenster erfordert im Falle der Gemeinschaftsarbeit eine für alle Schülerinnen und Schüler verbindliche Klärung: entweder grundsätzliche Gestaltung in einem Blauton oder das vom übrigen Fahrzeug verdeckte dahinter stehende Fahrzeug wird durch die Fenster teilweise sichtbar. In diesem Falle bietet sich die Verwendung von Buntstiften an; ihre Farbe ist im Vergleich zu Deckfarben weniger intensiv, sodass der Eindruck von Glas entsteht.

Stellen, an denen der Straßenbelag sichtbar wird, werden am besten grau angemalt.

Fantasiereise

„It's my life", tönt es aus dem Autoradio. Ich habe die Augen geschlossen, blinzle hin und wieder zwischen den Lidern hindurch und summe mit. Bald werden wir am Urlaubsziel ankommen und dann ... Ich komme nicht mehr dazu, mir auszumalen, was ich alles machen würde.

Der Wagen bremst abrupt, mich reißt es nach vorne. Mein Vater flucht, der Gurt drückt. Ich bin hellwach. „Stau", kommentiert meine Mutter die Situation. „Wäre doch zu schön gewesen", füge ich hinzu. Das Radio dudelt inzwischen „Where's the party" von Madonna. Mir ist das Mitsingen vergangen.

Der Wagen ist zum Stehen gekommen. Links und rechts von uns blinkende Autos. Fahrer und Beifahrer blicken starr nach vorn. Die Autos vollbepackt bis unters Dach: Ein Teddy, von prall gefüllten Plastiktüten gegen die Heckscheibe gepresst, glotzt mich an. Ein Kinderwagen droht jeden Augenblick vom Autodach zu kippen. Wir stehen in Fünferreihen. Ich wende mich nach rechts und sehe den riesigen Tank eines Trucks. Mein Blick tastet sich am Fahrzeug nach oben. „Van Daalen" ist da zu lesen. Zwei Autos weiter vorne drückt ein kleiner Junge die Nase am Wagenfenster platt. Aus dem Fenster des benachbarten Fahrzeugs schieben sich ringelbesockte Füße.

Die Musik bricht ab, wir erfahren, dass wir uns in einem mehrere Kilometer langen Stau befinden. Eine Stunde später informiert uns der Nachrichtensprecher über dessen Ursache: Ein umgekippter Tanklastzug machte eine Totalsperrung notwendig.

Abermals eine Stunde später ist die Rede vom „Superstau". Auch wir, die Betroffenen, haben dies inzwischen bemerkt. Die Wagentüren stehen auf, zwischen den Fahrzeugen spielen Kinder Ball, in kleinen Gruppen stehen die Menschen redend, rauchend und auf die Weiterfahrt wartend zusammen. Sicherlich ist es nur noch eine Frage der Zeit, bis mein Vater den mitgeführten Grill auspackt.

Schülerarbeit: Superstau

AUFGABE: Fülle die Mindmaps aus.

LKWs   PKWs

verschiedene Arten von Fahrzeugen

Dachgepäckbox

PKWs mit

mit Hänger

LKWs

beladen mit …

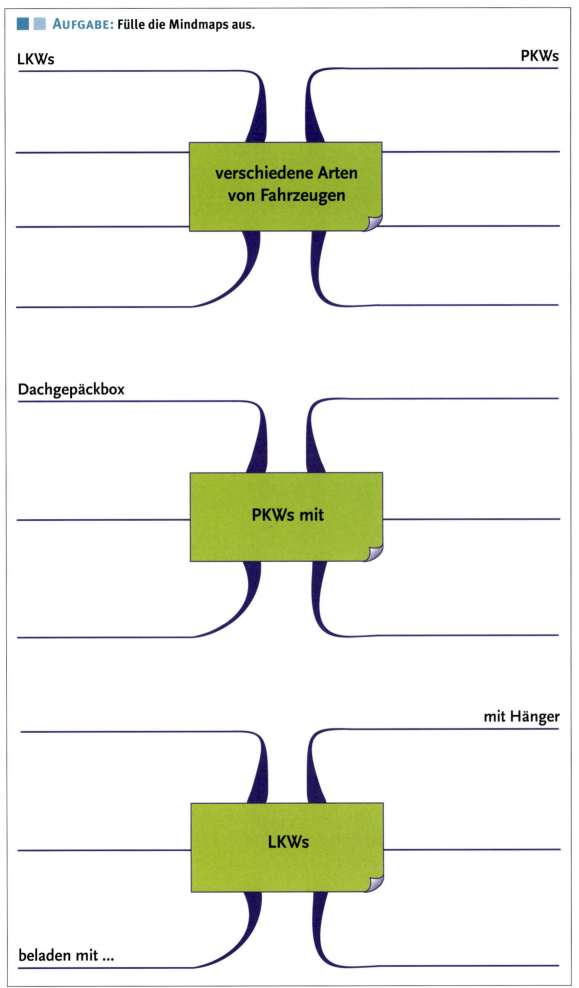

Abb. 1

▪▪ Aufgabe 1:

a) **Ergänze die Zeichnung.**
b) **Malerische Gestaltung mit Deckfarbe, Details mit Filzstiften**
c) **Schneide das Auto aus.**

▪▪ Aufgabe 2:

Zeichne auf deinem Zeichenblatt (DIN A3, Querformat) mit Bleistift waagerechte Linien wie folgt ein:

Abb. 2

-----------	3 cm
-----------	8 cm
-----------	8 cm
-----------	8 cm
-----------	3 cm

- Die Waagerechten bezeichnen die Standlinien der Fahrzeuge von vier Spuren. Die fünfte und unterste Spur (= vorderste Standlinie) liegt außerhalb des Blattes.

- Klebe das ausgeschnittene Auto auf dein Zeichenblatt. Ordne es auf der untersten Linie an. Zeichne weitere Fahrzeuge hinzu.

- Beachte beim Zeichnen der Fahrzeuge deren verschiedene Formen und Größen.

- Am unteren und oberen Bildrand sind die Fahrzeuge nur teilweise zu sehen.

- Sprich dich wegen der Gestaltung der Fahrzeuge (Größe, Form, Farbe) an den seitlichen Bildrändern mit deinen Banknachbarn ab.

- Male die Fahrzeuge mit Deckfarben an. Für Details und Schriftzüge verwendest du Filzstifte.

- Stellenweise wird die Straße zu sehen sein; du malst sie grau an.

© Schöningh Verlag, Best.-Nr. 018120

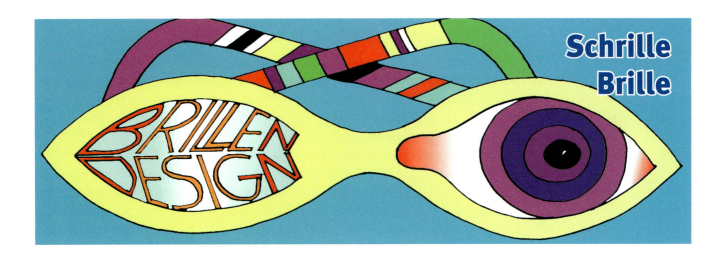

Schrille Brille

Sachanalyse

Den Augen als „Spiegel der Seele" wird bei zwischenmenschlichen Begegnungen besondere Aufmerksamkeit zuteil, denn wie heißt es so treffend: „Ein Blick sagt mehr als tausend Worte."

Der Mensch nimmt ca. 80% der Informationen aus der Umwelt mit den Augen auf. Er orientiert sich somit weit stärker mithilfe des visuellen Sinnes als über den Gehör- oder Geruchssinn. Die Augen und damit auch die als Prothese oder Schmuck eingesetzte Brille erfahren daher besondere Beachtung: „Brillen sind mehr als eine Sehhilfe und ein Accessoire: Sie verändern den Typ, sie betonen das Gesicht wie Frisur und Make-up, sie sind modisches Ausdrucksmittel, mit dem man sich optisch verändern und Eindruck machen kann." (Aus: Beate Ludwig/Henry Walter, Das Brillen-Buch, Europa-Verlag, Hamburg 2000, S. 10)
Etliche Prominente trugen und tragen nicht zuletzt auch aus diesem Grunde extravagante Brillen namhafter Designer (Abb. 1 und 2).

Abb. 1: Elton John, um 1970

Abb. 2: Elton John, 80er-Jahre

Trotz mathematisch-optischer Kenntnisse waren Sehhilfen im klassischen Altertum nicht bekannt. Ein erster Hinweis erscheint im 11. Jahrhundert. Der arabische Mathematiker, Astronom und Mediziner Ibn al-Haitham erwähnt in seinem „Schatz der Optik" die optische Vergrößerung eines Gegenstandes, wenn er durch ein gläsernes Kugelelement betrachtet werde.

Nachdem dieses Werk um 1240 ins Lateinische übersetzt war, fertigten handwerklich geschickte Mönche Plankonvexlinsen aus Glas, sog. „Lesesteine" (Abb. 3), die als Lesehilfe dienten. Zur Herstellung dienten Bergkristall oder Beryll, ein Halbedelstein, welcher der Brille ihren Namen gab.

Abb. 3: Lesestein

Innerhalb der kurzen Zeit von etwa 50 Jahren entwickelte sich aus den Lesesteinen über die Linse und das Einglas (Abb. 4) die Nietbrille (Abb. 5). Letztere entstand vermutlich in Venedig, der Hochburg spätmittelalterlicher Brillenherstellung. Etwa um 1430 wurde die in Metall, Knochen, Schildpatt, Horn oder Leder gefasste „Bügelbrille" erfunden (Abb. 6). Im 15. und 16. Jahrhundert entstanden u. a. kuriose Modelle wie Mützen- oder Stirnfortsatzbrillen, bei welchen die Gläser vor den Augen hingen. Etwas später entwickelte sich über die Gelenkbrille der „Zwicker" (Abb. 7), der weit verbreitet war und bis in die 30er-Jahre des 20. Jahrhunderts getragen wurde. Ende des 16. Jahrhunderts entstanden die „Faden- oder Printbrillen" (print = binden), die mithilfe von Fäden um die Ohren gebunden wurden. Im 18. Jahrhundert entwickelten sich daraus Brillen mit Bügeln. Nur allmählich setzten sich diese „Ohrenbrillen" gegenüber den in Mode gekommenen Lorgnetten und Lorgnons (Abb. 8) durch, die ebenso wie das Monokel (Abb. 9) Statussymbol waren und die Sehschwäche nicht ständig sichtbar werden ließen.

Abb. 4: Einglas

Die Brille ist heute zum modischen Accessoire geworden, dem sich Designer und Modemacher wie Christian Dior oder Karl Lagerfeld widmen.

Nach dem Zweiten Weltkrieg wurde die amerikanische Brillenmode für Westdeutschland zum Vorbild. Poppig bunte Brillengestelle in Schmetterlingsform bestimmten die 50er-Jahre. Auch in den Sechzigern dominierte die Schmetterlingsbrille, allerdings mit aufwändigen Applikationen ausgestattet (Abb. 10). Die Mehrzahl der Herrenfassungen war hingegen wesentlich schlichter gehalten. Neben klobigen Hornbrillen trug man Metallbrillen à la John Lennon. Die Brille der 70er-Jahre war insbesondere durch ihre Überdimensioniertheit gekennzeichnet. In den 80er-Jahren war vor allem das Markenzeichen wichtig; eine einheitliche Richtung war nicht vorgeben. Individualität in Form und Material war angesagt.

Abb. 5: Nietbrille

Abb. 6: Bügelbrille aus Knochen, um 1600

Abb. 8: Lorgnon

Abb. 7: Horizontalklemmer, um 1912

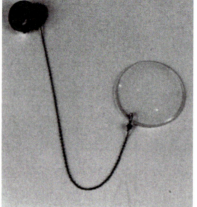

Abb. 9: Monokel

Abb. 10: Brillenmode der „Swinging Sixties"

Medien

Anschauungsmittel

- ✔ Folien, S. 44/45
- ✔ Folien der Arbeitsblätter 2 und 3, S. 47/48
- ✔ Tageslichtprojektor
- ✔ Projektionsfläche
- ✔ Folienstift

Arbeitsmittel

- ✔ Arbeitsblätter 1 – 3, S. 46 – 48
- ✔ Pappstreifen 35 x 7 cm (Stärke 0,8 – 1 mm)
- ✔ Bleistift
- ✔ Lineal
- ✔ (Zirkel)
- ✔ Schere
- ✔ Schneidemesser
- ✔ Schneideunterlage
- ✔ Deckfarben und Zubehör
- ✔ Filzstifte
- ✔ Pergamin oder Farbfolie
- ✔ Klebstoff
- ✔ Pflaster

Zu beachten

- Einweisung in den Gebrauch von Schneidemessern
- Falze
  - auf der Vorderseite der Brille mit Lineal und Schere anreißen (s. Arbeitsblatt 3, S. 48)
  - ggf. auf der Rückseite mit Klebestreifen stabilisieren

Lösung zu Folie 1, S. 44

① Schmetterlingsbrille, um 1960

② Nietbrille, um 1300

③ Bügelbrille, um 1600

④ um 2000

⑤ Horizontalklemmer, um 1912

41

Geplanter Unterrichtsverlauf

	Lehreraktivitäten	Schüleraktivitäten	Sozial-form	Medien	Die Schülerinnen/ Schüler sollen
Hinführung	• Präsentation von Folie 1, S. 44 • Frage nach der Entstehungszeit der einzelnen Brillen				• die im Folienbild präsentierten Brillen zeitlich einordnen können.
		Die Schülerinnen und Schüler ordnen die Brillen zeitlich ein.			• erkennen, dass es neben primär als Sehhilfe konzipierten Brillen auch immer schon aufwändig verzierte Brillen gab.
	• „Brillen sind nicht nur Sehhilfen, sondern sollen auch Aufmerksamkeit erregen." • Präsentation von Folie 2, S. 45				
Erarbeitung	• Ausgabe der Arbeitsblätter 1 und 2, S. 46/47 • Lesen des Textes von Arbeitsblatt 1 im Klassenverband • Besprechung der Aufgabenstellungen von Arbeitsblatt 2				• Informationen zur Geschichte der Brille erhalten.
		Die Schülerinnen und Schüler bearbeiten die Aufgaben 1. bis 4. von Arbeitsblatt 2, S. 47.			• erkennen, dass aufgrund anatomischer Bedingungen nur bestimmte Teile einer Brille für aufwändigere Verzierungen geeignet sind.
	Ergebnissicherung: Folie von Arbeitsblatt 2, S. 47				
		• Einzelne Schülerinnen und Schüler stellen Ergebnisse vor.			
	• Ausgabe von Arbeitsblatt 3, S. 48 • Besprechung der Aufgabenstellung				
		Die Schülerinnen und Schüler bearbeiten Arbeitsblatt 3, S. 48.			• die Reihenfolge der Arbeitsschritte für die fachpraktische Arbeit festlegen können.
		Einzelne Schülerinnen und Schüler präsentieren die Ergebnisse der Partnerarbeit.			• die Ergebnisse der Partnerarbeit präsentieren können.
Anwendung		Die Schülerinnen und Schüler bearbeiten die fachpraktische Aufgabe gemäß den Arbeitsschritten von Arbeitsblatt 3, S. 48.			• einen Entwurf für eine „schrille" Brille fertigen können.

Die Brille avancierte in den letzten Jahrzehnten zunehmend von der reinen Sehhilfe zum modischen Accessoire, dessen Form und Aussehen sich inzwischen namhafte Designer annehmen. Neben den handelsüblichen Brillenmodellen entstanden immer schon ausgefallene, extravagante Brillen, die Aufmerksamkeit erregen sollen. Diese Brillen sind den Schülerinnen und Schülern weniger vertraut.

Anliegen dieses Unterrichtsbeispiels ist es daher u. a., die Schülerinnen und Schüler mit dieser Art von Brillen bekannt zu machen und ihnen anhand von Folie 1, Seite 44, zu verdeutlichen, dass Brillen mit aufwändiger Verzierung und Motivschmuck eine lange Tradition haben.

Über Arbeitsblatt 1, Seite 46, erhalten die Schülerinnen und Schüler grundlegende Informationen über die Entstehung der Brille und ihre Weiterentwicklung bis zur heutigen Form. Auf Arbeitsblatt 2, Seite 47, erarbeiten sie, welche Teile einer Brille für Verzierungen infrage kommen und welcher Art diese sind. Sie erkennen, dass Design und Schmuckformen von Gebrauchsgegenständen gewissen Anforderungen entsprechen müssen, Brillen z. B. der Anatomie des Gesichtes.

Arbeitsblatt 3, Seite 48, bezieht sich auf den fachpraktischen Teil der Unterrichtsstunde. Die Zeit, welche die Schülerinnen und Schüler zum Festlegen der Reihenfolge der Arbeitsschritte und Skizzieren ihrer „schrillen" Brillen benötigen, kann die Lehrkraft ggf. zum Zuschneiden der Pappstreifen zur Fertigung der Brillenmodelle nutzen.

Werkkarton der Stärke 0,8 – 1 mm ist ein von Schülerinnen und Schülern dieses Alters leicht zu bearbeitendes Material. Es ist sowohl mit der Schere als auch mit einem Cutter gut zu schneiden. Zum Bezeichnen und Bemalen können unterschiedliche Werkmittel verwendet werden. Neben Deckfarben bieten sich insbesondere auch Filzstifte an. Aber auch Applikationen aus Stoff, Buntpapier oder Naturmaterialien wie Federn, Gräser, Blüten oder Blätter sind möglich. Der Fantasie sind kaum Grenzen gesetzt. Lediglich zu schwere Applikationen sind infolge der Instabilität der Pappe zu vermeiden. Wird die Pappe stellenweise doppelt geführt, können auch hier die Grenzen etwas überschritten werden.

Schülerarbeiten: Schrille Brillen

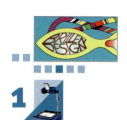
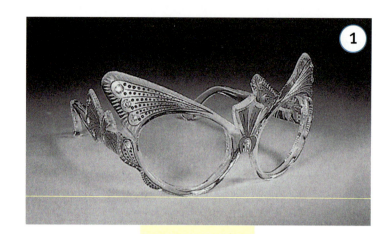
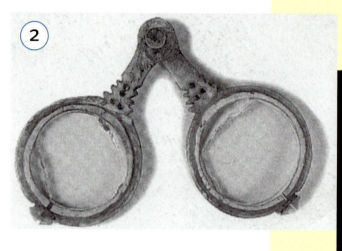

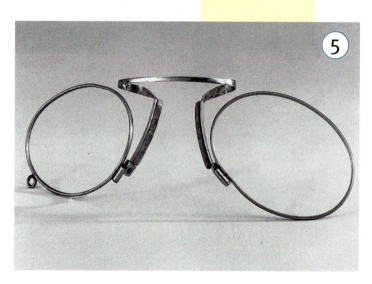

Abb. 1: USA, um 1950

Abb. 2: um 1960

Abb. 3: Frankreich, ca. 1970

Abb. 4: Deutschland 1996

© Schöningh Verlag, Best.-Nr. 018120

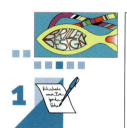

Die Bezeichnung „Brille" geht auf den Halbedelstein „Beryll" zurück, der neben Bergkristall im 13. Jahrhundert zur Herstellung der ersten Lesehilfen, den sog. „Lesesteinen", diente. Der Lesestein entwickelte sich zur Linse, erhielt eine Fassung und wurde zum „Einglas". Anfang des 14. Jahrhunderts benutzte man bereits „Nietbrillen", die vor die Augen gehalten wurden.

Abb. 1: Lesestein

Abb. 2: Lesender mit Nietbrille

Um 1430 wurde die „Bügelbrille" erfunden. Beide Gläser wurden in einem durchgehenden starren Stück aus Metall, Holz, Knochen, Schildpatt, Horn oder Leder gefasst.

Schon sehr früh wurden Brillen nicht nur als bloße Sehhilfe betrachtet, sondern auch gestalterisch bearbeitet, wie beispielsweise Vorlagen für Bügelbrillen zeigen (Abb. 3).

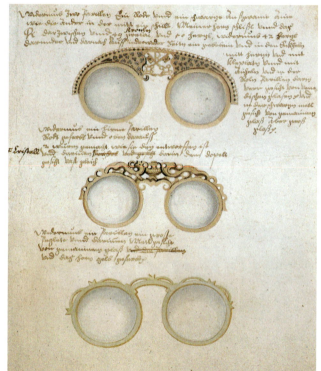

Abb. 3: Regensburger Meisterbrillen aus einem Faksimile der Regensburger Brillenmacherordnung, um 1600

Abb. 4: Indische Bügelbrillen aus Sandelholz, vermutlich Ende 17. Jh.

In den 60er- und vor allem 70er-Jahren des 20. Jh. entstanden Brillen mit fantasievollen Formen.

Abb. 5: Schmetterlingsbrille, um 1970

Abb. 6: Elton John, um 1970

Abb. 7: Elton John, um 1980

Abb. 1

Abb. 2

Abb. 3

Abb. 4

Aufgabe 1:

Welche Teile von Brillen sind hauptsächlich verziert?

___

Aufgabe 2:

a) Welche Teile weisen wenige oder gar keine Verzierungen auf?

___

b) Nenne mögliche Gründe dafür.

___

Aufgabe 3:

Welcher Art sind die Verzierungen?

___

Aufgabe 4:

Warum sind derart aufwändig verzierte Brillen nicht häufiger zu sehen?

___

■ ■ **AUFGABE:** Versuche dich als Designer und entwirf eine **schrille Brille**.

Design (engl.): *Plan, Entwurf, Muster, Modell*
Ein Designer plant und entwirft z.B. Dinge für die industrielle Serienproduktion (Industrie-Design) oder entwirft Bild-Ideen für Film, Fernsehen, das Internet oder die Werbung (Grafik-Design).

Benötigte Werkzeuge und Materialien:

- Pappstreifen 35 x 7 cm
- Bleistift
- Lineal
- (Zirkel)
- Schere
- Schneidemesser

- Schneideunterlage
- Deckfarben und Zubehör
- Filzstifte
- Pergamin oder Farbfolie
- Klebstoff

Lege die Reihenfolge der Arbeitsschritte fest!

◯ Für die „Brillengläser" Pergamin oder Farbfolie hinterkleben

◯ Damit sich die Brillenbügel gut klappen lassen, die beiden Falze auf der Vorderseite der Brille mit einer Schere anreißen

◯ Maße auf den Karton übertragen: 3 x 13 cm für die Brillenvorderseite und die beiden Bügel

◯ Auf der Brillenvorderseite die Mitte bestimmen und Gläser und Nasenrücken einzeichnen; Abstand: Mittelpunkt der Gläser zur Mittelachse = 3 cm

◯ Mit Deckfarben und Filzstiften farbig ausgestalten

◯ Mithilfe einer Schere und eines Schneidemessers Brillenform ausschneiden

◯ Form der Brille mit Bleistift aufzeichnen

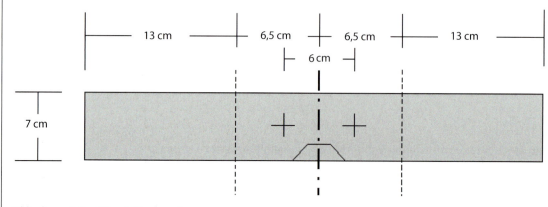

Skizziere deine Vorstellungen!

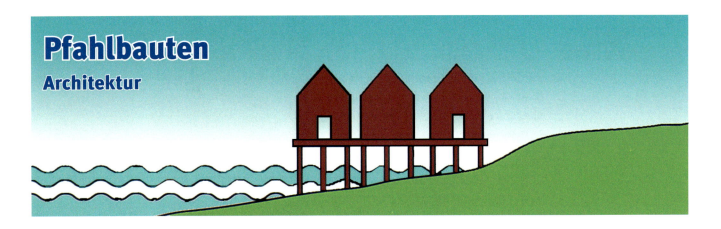

Pfahlbauten
Architektur

Sachanalyse

In der Kulturgeschichte kennzeichnet der Übergang des Menschen vom Sammler und Jäger zur bäuerlichen Lebensweise einen entwicklungsgeschichtlich bedeutsamen Schritt. Um 5300 v. Chr. setzte in Mitteleuropa entlang der großen Flussläufe die Besiedlung durch erste Ackerbauern ein. Diese neolithische Bevölkerung besaß gegenüber der mesolithischen Urbevölkerung, die noch als Sammler und Jäger lebte, hochentwickelte Kenntnisse in der Haustier- und Kulturpflanzenzucht, in der Töpferei und im Steinschliff. Sie lebte in Häusern und baute Speicher. Die Linienmuster, mit welchen diese Menschen ihre Tonwaren verzierten, gaben dieser Kultur den Namen „Bandkeramik-Kultur". Etwa um 4000 v. Chr. erfolgte die Besiedelung der Seeufer und Moore rings um die Alpen. Nahezu an allen Voralpenseen wurden Siedlungen gefunden, am Bodensee allein etwa 300.

Neben der weitgehenden Baumfreiheit der Ufer und dem weichen Untergrund, der das Einrammen von Pfählen erleichterte, waren vermutlich der Fischreichtum der Seen und der bessere Schutz vor wilden Tieren und Feinden Gründe für die Wahl dieser Siedlungsplätze. Die Häuser wurden auf Pfählen errichtet. Aufgrund des sehr langen Zeitraums der ganz verschiedenen aufeinander folgenden Kulturen von der Steinzeit bis in die späte Bronzezeit lässt sich jedoch nicht von einer einheitlichen Pfahlbaukultur sprechen. Neben ebenerdigen Ufersiedlungen entstanden Pfahlbauten insbesondere in überschwemmungsgefährdeten Zonen oder wurden von Inseln in den See hinausterrassiert. Gemeinsames Merkmal dieser Häuser, unabhängig vom Standort oder der jeweiligen Kultur, waren das Baumaterial Holz, das im waldreichen Mitteleuropa reichlich vorhanden war, und seine Verwendung in Skelettbauweise. In der Verbindung von waage- und senkrechten Rundhölzern entstand das Pfosten- oder Pfahlhaus. Das Gestell des Hauses bestand aus folgenden Pfosten (Pfähle, Ständer) und Balken (Pfetten):

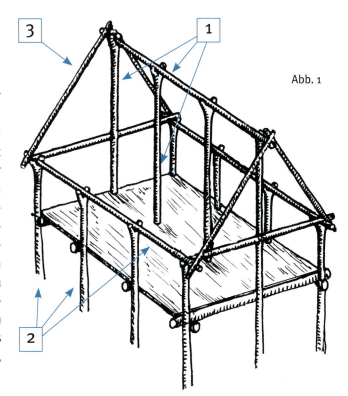

Abb. 1

1 dem Firstgestell, den beiden Firstpfosten und der darauf ruhenden Firstpfette und als zusätzliche Stützen zwei Gabelstützen (endeten in Astgabeln),

2 den Wand- und Eckpfosten mit den darauf aufliegenden Wandpfetten,

3 den Rofen, die auf den Pfetten aufliegen und das Satteldach bilden.

Das Firstgestell bedingt einen zweischiffigen Raum. Um einen stützenfreien Hauptraum zu erhalten, wurden die First- und Gabelstützen später durch Joche ersetzt. Es entstanden ein stützenfreies Mittelschiff und zwei Seitenschiffe (Abb. 2).

Mithilfe eines Modells lässt sich eine plastisch-räumliche Veranschaulichung des Pfahlbauhauses rekonstruieren. Kleine Äste und Zweige (z. B. vom Baumschnitt) dienen als Baumaterial für das Gestell des Hauses. Beim Zuschneiden der Pfosten sind Gabelungen am oberen Ende als Halterung für die Pfetten zu erhalten. Damit die Schnurverbindungen, die mittels Bindfaden erfolgen, nicht abrutschen, werden die Pfosten mit einem Messer etwas eingekerbt. Mit den Pfetten verbunden, finden die zugeschnittenen Pfähle Halt in einem in einen Karton gegossenen Gipsbett. Beim Anmischen kann dem Gips blaue Abtönfarbe beigemischt werden. Alternativ lässt sich der abgebundene Gips auch bemalen. Sind die Rofen angebracht, erfolgt die weitere Ausgestaltung des Modells.

Abb. 2: Pfahlbauhaus mit Jochen, Unteruhldingen/Bodensee

Hinweise zur Verarbeitung von Gips

Anrühren des Gipsbreis:

- Ein Gefäß mit flexibler Wandung, z. B. einen Gipsbecher oder Plastikeimer, zu 2/3 der angestrebten Menge Gipsbrei mit kaltem Wasser füllen
- So lange mit der Hand Gipspulver locker einstreuen, bis sich über dem Wasserspiegel eine kleine Insel bildet
- Mit der Hand oder einem Rührstab vermengen, sodass eine sahnig wirkende Masse entsteht
- Uhren und Schmuck ablegen und Arbeitskleidung tragen

Bei der Verarbeitung zu beachten:

- Hinweise des Herstellers beachten!
- Den Gipsbrei umgehend verarbeiten, da er binnen kurzer Zeit abbindet
- Je dickflüssiger das Gemisch ist, umso schneller erfolgt die Abbindung.
- Wird Gips beim Abbinden gestört, wird er bröckelig. Daher weder zusätzliches Wasser in fest werdenden Gips einrühren noch andere Veränderungen an erhärtendem Gips vornehmen.
- Keinen Gips in den Ausguss gelangen lassen!
- Gipsreste im Gefäß abbinden lassen und dann entsorgen

Medien

Anschauungsmittel

- ✔ Folien, S. 54/55, und Folien der Arbeitsblätter 2 und 3, S. 57/58
- ✔ Tageslichtprojektor
- ✔ Projektionswand
- ✔ Folienstift

Arbeitsmittel

- ✔ Schreibzeug
- ✔ Arbeitsblätter, S. 56 – 58
- ✔ Kartondeckel
- ✔ Gips (Modellgips)
- ✔ Gefäß und Stock zum Anmischen des Gipses
- ✔ Baumschere
- ✔ Messer
- ✔ Arbeitskittel
- ✔ Zweige und kleine Äste (Baumschnitt)
- ✔ Bindfaden
- ✔ Schere
- ✔ blaue Dispersionsfarbe
- ✔ ggf. Pinsel
- ✔ Ton
- ✔ Stroh, Moos, ...

Zu beachten

- Pfähle maßgenau zuschneiden
- Pfähle so bemessen, dass sie sich am oberen Ende gabeln
- Gabeln nicht zu weit vorstehen lassen
- „Hinweise zur Verarbeitung von Gips" (S. 50) beachten
- Pfähle beim Platzieren im Gipsbett möglichst exakt ausrichten und nicht zu weit am Kartonrand anordnen

Geplanter Unterrichtsverlauf

	Lehreraktivitäten / Alternative / Schüleraktivitäten	Sozial-form	Medien	Die Schülerinnen/ Schüler sollen (Lernziele)
Hinführung	Präsentation von Folie 1, S. 54			• erkennen, dass es sich bei den Abbildungen um Pfahlbauten handelt
	Die Schülerinnen und Schüler erkennen in den Gebäuden Pfahlbauten.			
	Ausgabe von Arbeitsblatt 1, S. 56			
Erarbeitung	Lesen und Besprechen der Informationen von Arbeitsblatt 1, S. 56			• Informationen zu den Pfahlbaukulturen erhalten.
	Ausgabe von Arbeitsblatt 2, S. 57			
	Besprechung der Aufgabenstellung von Arbeitsblatt 2, S. 57			
	• Die Schülerinnen und Schüler bearbeiten Arbeitsblatt 2, S. 57. • Ergebnissicherung: Einzelne Schülerinnen und Schüler stellen ihre Arbeitsergebnisse am OHP auf der Folie des Arbeitsblattes vor.			• einer schematischen Darstellung eines Pfahlbauhauses die Bezeichnungen der einzelnen Bauelemente zuordnen können.
	Präsentation von Folie 2, S. 55			
	• Ausgabe von Arbeitsblatt 3, S. 58 • Präsentation der Folie von Arbeitsblatt 3, S. 58			• die Folgerichtigkeit der Arbeitsschritte nachvollziehen können.
	Besprechung der Aufgabenstellung von Arbeitsblatt 3, S. 58			
Anwendung	Die Schülerinnen und Schüler bearbeiten Arbeitsschritt 1 von Arbeitsblatt 3, S. 58.			• die fachpraktische Aufgabe gemäß den Arbeitsschritten von Arbeitsblatt 3 bearbeiten können.
	Anmischen des Gipsbreis (vgl. Hinweise S. 50)			
	Gipsbrei in die vorbereiteten Formen gießen			
	Die Schülerinnen und Schüler bearbeiten die Arbeitsschritte 3 und 4 von Arbeitsblatt 3, S. 58.			

Folie 1, Seite 54, mit Darstellungen von Pfahlbauhäusern des Freilichtmuseums in Unteruhldingen am Bodensee dient zur Hinführung. Nachdem sich die Schülerinnen und Schüler zu den präsentierten Abbildungen geäußert haben, erhalten sie über Arbeitsblatt 1, Seite 56, Informationen zu den Pfahlbauten und deren ursprünglichen Erbauern und Bewohnern. Durch die Bearbeitung von Arbeitsblatt 2, Seite 57, lernen sie die Konstruktion und die einzelnen Bauelemente eines Pfahlbauhauses kennen. Arbeitsblatt 3, Seite 58, enthält die Arbeitsschritte, die zum Bau eines Rekonstruktionsmodells notwendig sind. Die Natur liefert hierzu die wichtigsten Baumaterialien. Die Pfosten und Balken des Pfahlbauhauses entstehen aus dünnen Ästen und Zweigen. Der Baumschnitt bietet hierfür das richtige Material. Mit Baumscheren werden die Hölzer zugeschnitten. Es genügt, wenn jede Gruppe eine Baumschere hat. Darüber hinaus sollten die Gruppen auch jeweils ein Messer haben, um die Balken und Rofen an den Enden einzukerben, damit der Bindfaden, der zum Verbinden aufeinander stoßender Bauelemente dient, nicht abrutscht. Es empfiehlt sich, zunächst die Ständer vorzubereiten, sie werden dann mit den Balken (Firstbalken und Wandpfetten) verbunden und im Gipsbett platziert. Das Gipsgemisch rührt am besten die Lehrerin/der Lehrer in einem Kunststoffeimer an, sobald alle Gruppen ihre First- und Seitengestelle und den aufnehmenden Kartondeckel vorbereitet haben. So können evtl. mit einer Mischung alle Gipsplatten gegossen werden. Während der Gips abbindet und fest wird, werden die restlichen Balken und die Rofen zugeschnitten und vorgerichtet. Dabei sind Überstände zu berücksichtigen (vgl. Arbeitsblatt 3: Bemaßung). Auch das Flechtwerk aus dünnen, biegsamen Zweigen, die Dachauflage und der Prügelrost für den Boden des Hauses können nun entstehen. Haben die Ständer im Gipsbett festen Halt gefunden, werden zunächst die weiteren Balken angebracht. Die Befestigung der Rofen und die Eindeckung erfolgen am besten erst, wenn Boden und Wände des Hauses fertig gestellt sind, um uneingeschränkt arbeiten zu können.

Die ideale Gruppengröße liegt bei drei bis vier Schülerinnen und Schülern.

Abb. 3: Der angemischte Gips wird in den Kartondeckel gegossen. Das Firstgestell und die Seitengestelle werden im Gipsbett platziert.

Abb. 4: Rofen und die restlichen Balken werden angebracht.

Lösung zu Arbeitsblatt 2, Seite 57

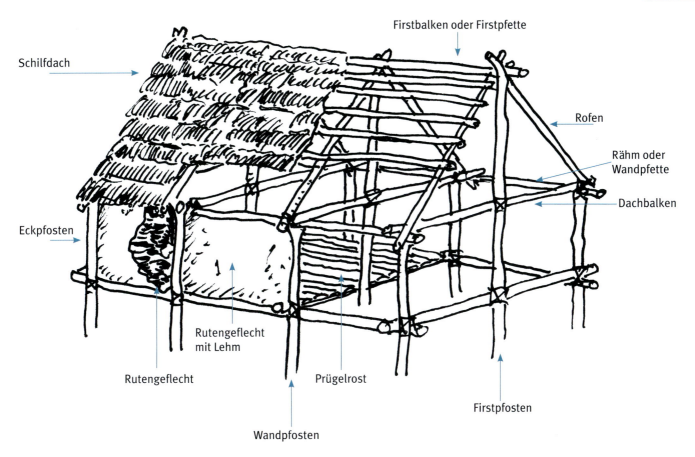

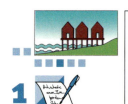

Pfahlbauten

Ab etwa 4000 v. Chr. setzte die Besiedlung der Seeufer und Moore rings um die Alpen ein. Gründe für diesen Siedlungsplatz waren vermutlich die relative Baumfreiheit der Ufer, der weiche Untergrund, der das Einrammen von Pfählen erleichterte, der Fischreichtum der Seen sowie der bessere Schutz vor wilden Tieren und Feinden. Eine zunehmend dichte Besiedelung zwang die Menschen zur Nutzung aller besiedelbaren Flächen. Allein am Bodensee sind heute 300 Siedlungen aus der Stein- und Bronzezeit bekannt und teilweise wissenschaftlich erfasst.

Abb. 1: Unteruhldingen/Bodensee

Eine Gemeinsamkeit der verschiedenen, sich ablösenden Kulturen sind die Pfahlbauten. In der jüngeren Steinzeit bestand ein Dorf aus etwa 20–40 Häusern, die jeweils ca. 25–30 qm groß waren. Das Grundgestell der Häuser bildeten in den Untergrund gerammte Pfähle aus Hartholz, die häufig mit Pfahlschuhen (vgl. Skistöcke) versehen waren, um einem weiteren Einsinken vorzubeugen. Die Wände zwischen diesen Pfosten bestanden aus Spalthölzern oder Flechtwerk, das mit Lehm verschmiert wurde. Den Boden bildete ein Prügelrost mit einer Auflage aus gestampftem Lehm. Die Satteldächer waren vermutlich mit Gräsern, Holzschindeln, Schilf oder Rinde gedeckt.

Neben den Werkzeugen und Gerätschaften für den Ackerbau, den Fischfang und die Jagd waren gute Werkzeuge für die Holzbearbeitung für die Menschen von großer Bedeutung. Sie wurden zum Roden künftiger Anbauflächen ebenso gebraucht wie zur Brenn- und Bauholzgewinnung, zum Hausbau selbst und zur Fertigung der Einbäume und verschiedener Einrichtungs- und Gebrauchsgegenstände.

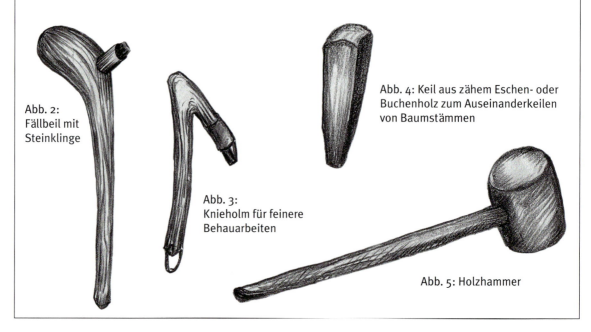

Abb. 2: Fällbeil mit Steinklinge

Abb. 3: Knieholm für feinere Behauarbeiten

Abb. 4: Keil aus zähem Eschen- oder Buchenholz zum Auseinanderkeilen von Baumstämmen

Abb. 5: Holzhammer

Konstruktion eines Pfahlbauhauses

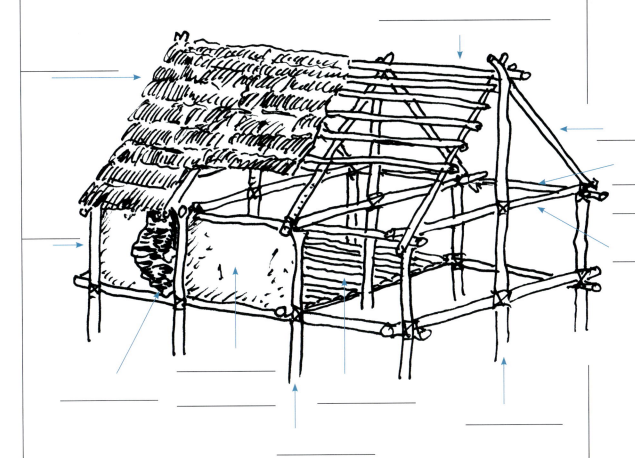

Ordne zu:

Firstbalken oder Firstpfette* / Firstpfosten** / Rofen / Dachbalken / Rähm oder Wandpfette / Wandpfosten / Eckpfosten / Rutengeflecht mit Lehm / Schilfdach / Prügelrost / Firstpfosten

* Pfette und Balken → waagerecht
** Pfosten und Pfahl → senkrecht

Erstellen des Modells eines steinzeitlichen Pfahlbauhauses

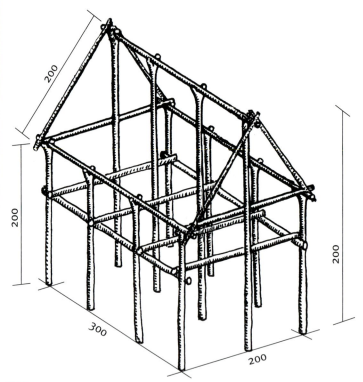

1. - Pfosten vorbereiten …
     - 2 Firstpfähle und 2 Gabelstützen
     - 8 Wandpfähle, 1 Firstpfette, 2 Wandpfetten
   - Pfähle und Stützen mit Bindfaden fest mit den Pfetten verbinden

2. - Gips dickflüssig anmischen
     (ggf. blaue Abtönfarbe zumischen)
   - Das Gipsgemisch in den Kartondeckel gießen
   - Die drei Gestelle im Gipsbett platzieren
   - Vor Abbinden des Gipses die Pfosten senkrecht ausrichten; Gips während des Abbindens nicht stören!

3. - Balken und Rofen vorbereiten…
     - An den Enden einkerben
     - 2 Längsbalken
     - 8 Querbalken
     - 8 Rofen
   - … und mit Bindfaden mit den Pfosten fest verbinden

4. - Einige Wandfelder mit einem Geflecht aus Zweigen füllen, mit Bindfaden an Balken und Pfählen befestigen und mit Ton verschmieren
   - Dachdeckung aufbringen: Auf quer über den Rofen aufliegenden Hölzern erfolgt die Eindeckung mit Stroh, Rinde, …
   - Prügelrost für den Hausboden anbringen und mit Ton bestreichen

© Schöningh Verlag, Best.-Nr. 018120

Schülerarbeiten: Pfahlbauten

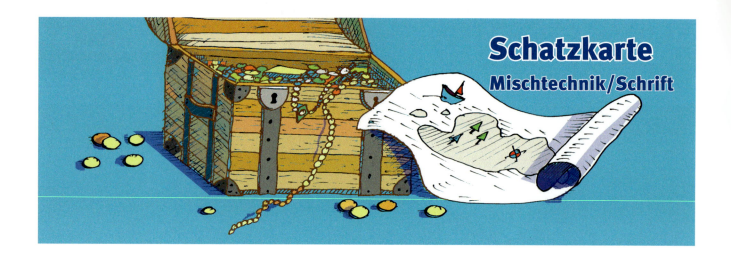

Sachanalyse

Ein Schatz ist nach BGB § 984 „*eine Sache, die so lange verborgen gelegen hat, dass der Eigentümer nicht mehr zu ermitteln ist.*" Mit der Entdeckung des Schatzes „*wird das Eigentum zur Hälfte von dem Entdecker, zur Hälfte von dem Eigentümer der Sache erworben, in welcher der Schatz verborgen war.*"

Zur Entdeckung eines Schatzes kann neben dem Zufall und einer gezielten Suche aufgrund von Recherchen und Hinweisen auch ggf. eine Schatzkarte führen. Unter einer Schatzkarte ist eine Aufzeichnung zu verstehen, mit deren Hilfe ein vergrabenes Gut später wieder aufzufinden sein soll. In ihrer Ausführung kann die Karte in skizzenhafter Darstellung bis hin zu kartografisch und gestalterisch aufwändigen Formen auftreten. Mithilfe einer Karte lassen sich topografische Veränderungen nachvollziehen und weitere Informationen festhalten und veranschaulichen.

Insbesondere Piraten werden als Verfasser von Schatzkarten gerne genannt. Heute noch ranken sich abenteuerliche Geschichten um auf entlegenen Eilanden vergrabene Gold- und Juwelenschätze, die auf ihre Entdecker warten. Auch um den Freibeuter William Kidd entstanden, nachdem er im Mai 1701 wegen Piraterie gehenkt worden war, solche Fantasien. Eine Vermutung zielt auf die kleine Insel Oak Island, vor der Küste Neuschottlands gelegen. Hier könnte der Schatz seiner letzten Beutezüge vergraben liegen. Angeblich existieren Schatzkarten, die William Kidd zugeschrieben werden und auf die kanadische Insel verweisen. Da Kidd als Kapitän im Lesen und Anfertigen von Seekarten geübt war, ist anzunehmen, dass er sich bei diesen Karten, so sie denn von ihm stammen, der gängigen Zeichen bediente und die für einen Seemann wichtigen Informationen festhielt. Neben Angaben zur Lage der Insel, deren Größe und Konturen enthalten die Karten dann sicherlich Hinweise auf Untiefen, Wracks, gefährliche Strömungen oder geeignete Ankerplätze. Auch Angaben zu Quellen oder geeigneten Lagerplätzen könnten neben der sicherlich kodierten Wegbeschreibung, die zum Versteck des Schatzes führt, enthalten sein.

Medien

Anschauungsmittel

- ✔ Folien, S. 64 – 66
- ✔ Folienstift
- ✔ Tageslichtprojektor
- ✔ Projektionsfläche
- ✔ Tafel, Kreide
- ✔ Arbeitsblätter, S. 67/68

Arbeitsmittel

- ✔ Arbeitsblätter, S. 67/68
- ✔ Zeichenblock DIN A3
- ✔ Klebestift
- ✔ Deckfarben und Zubehör
- ✔ Buntstifte
- ✔ (wasserfester) schwarzer Filzstift, Tusche und Feder oder Füller mit schwarzer Tinte
- ✔ Farbmittel und Verfahren, die geeignet sind, der Schatzkarte ein authentisches Aussehen zu verleihen

Zu beachten

- Papier vor dem Bezeichnen einfärben
- Möglichst wasserfeste Tusche oder einen schwarzzeichnenden Permanent-Filzstift verwenden
- Klebestift verwenden

Geplanter Unterrichtsverlauf

	Lehreraktivitäten	Schüleraktivitäten	Sozialform	Medien	Die Schülerinnen/Schüler sollen (Lernziele)
Hinführung	Präsentation von Folie 1, S. 64				• sich zur präsentierten Abbildung äußern können.
		Die Schülerinnen und Schüler äußern sich zur Abbildung. Es fallen evtl. Bezeichnungen wie „Schatztruhe" oder „Seemannskiste".			
	Präsentation von Folie 2, S. 65				
Erarbeitung		Eine Schülerin/ein Schüler • liest den Bericht vor. • fasst den Inhalt des Berichtes mit eigenen Worten zusammen. Die Schülerinnen und Schüler äußern sich zum Inhalt des Berichtes.			• den Inhalt des Zeitungsberichtes mit eigenen Worten wiedergeben und sich dazu äußern können.
	Präsentation von Folie 3, S. 66				• die Abbildungen benennen und ggf. zur Veranschaulichung grafisch ergänzen können.
		Die Schülerinnen und Schüler • deuten die Abbildungen. • ergänzen die Abbildungen ggf. grafisch zur Veranschaulichung. • schneiden die einzelnen Abbildungen aus und ordnen sie auf dem OHP an.			• die Abbildungen so platzieren können, wie sie möglicherweise ursprünglich auf der Karte angeordnet waren.
	Hinweise auf die Unvollständigkeit der Karte und Frage nach möglichen weiteren Inhalten				
		Die Schülerinnen und Schüler nennen Inhalte von Schatzkarten.			• weitere mögliche Inhalte der Schatzkarte nennen können.
	Die genannten Inhalte werden an der Tafel notiert.				
	• Ausgabe von Arbeitsblatt 1, S. 67 • Lesen des Informationstextes über William Kidd im Klassenverband				• Informationen über Kapitän William Kidd erhalten.
	• Ausgabe von Arbeitsblatt 2, S. 68 • Besprechung der Aufgabenstellung von Arbeitsblatt 2, S. 68				
Anwendung		Die Schülerinnen und Schüler bearbeiten die fachpraktische Aufgabe gemäß den Arbeitsschritten von Arbeitsblatt 2, S. 68			• die fachpraktische Aufgabe gemäß den Arbeitsschritten bearbeiten können.

Der Einstieg in dieses Unterrichtsbeispiel erfolgt über einen visuellen Impuls. Mit großer Wahrscheinlichkeit erkennen die Schülerinnen und Schüler in der Abbildung eine Seemannskiste oder assoziieren „Schatztruhe". Über den Hinweis, es handle sich um eine Seemannskiste, die ein Dokument über einen Schatz enthalte, der noch gefunden werden müsse, gelangen die Schülerinnen und Schüler zum Unterrichtsgegenstand „Schatzkarte".

Ein fiktiver Zeitungsbericht über den sensationellen Fund der Fragmente einer Schatzkarte vermittelt den Eindruck von Authentizität und informiert über die wichtigsten Einzelheiten. Die Präsentation der Kartenfragmente fordert zur Rekonstruktion der Schatzkarte auf. Hierbei gilt es zunächst für die Schülerinnen und Schüler, die Fragmente inhaltlich einzuordnen, um sie dann in einen sinnvollen Zusammenhang bringen zu können. Dies geschieht zunächst anhand von Folie 3, Seite 66. Die Schrift- und Bildelemente werden ausgeschnitten, sodass sie nun von einzelnen Schülerinnen und Schülern auf dem Tageslichtprojektor angeordnet werden können. In diesem Zusammenhang ist auch die Frage nach weiteren denkbaren Inhalten von Schatzkarten zu stellen. Die von den Schülerinnen und Schülern genannten Möglichkeiten werden an der Tafel festgehalten.
Im Anschluss hieran erhalten die Schülerinnen und Schüler mit Arbeitsblatt 1, Seite 67, Informationen über Kapitän William Kidd und die im Zeitungsbericht (Folie 2, S. 65) erwähnte Insel Oak Island und können nun unter Verwendung der Schrift- und Bildfragmente von Arbeitsblatt 2, Seite 68, die fachpraktische Aufgabe angehen.

Die vorgegebenen Schrift- und Bildfragmente stellen für die Schülerinnen und Schüler bei der fachpraktischen Arbeit einerseits eine Orientierungshilfe dar, andererseits aber auch eine Herausforderung, die vorgegebenen Formen und Strukturen aufzugreifen und möglichst perfekt weiterzuführen.

Das Aufkleben der Kartenfragmente erfolgt am besten mit einem Klebestift. Die Schriftgestaltung und Zeichnung erfolgt in Schwarz. Hierfür bieten sich Füller, Fineliner oder Tusche und Feder an. Dem Einsatz Letzterer sollten allerdings Übungen vorausgehen.

Zum Kolorieren eignen sich mit Wasser vermalbare Buntstifte besonders gut. Allerdings ist zu beachten, dass die Kolorierung vor dem Einsatz einer wasserlöslichen Bezeichnung erfolgt.

Grundsätzlich haben Kinder dieses Alters großes Interesse an Abenteuergeschichten und sicherlich kennt eine Anzahl Schülerinnen und Schüler R. L. Stevensons „Schatzinsel".

Hull Daily News

Sensationeller Fund:
Kapitän Kidds Seemannskiste enthält alte Schatzkarte

Hull. Unwahrscheinliches Glück wurde einem Antiquitätenhändler zuteil. Er hatte auf einem Flohmarkt eine alte, stark beschädigte Seemannskiste erstanden. Bei der Restaurierung der Kiste stellte er überrascht fest, dass diese einen zweiten Boden besaß, der eine alte, von der Feuchtigkeit angegriffene Karte enthielt. Hinzugezogene Experten erkannten, dass es sich bei dem Fund mit großer Wahrscheinlichkeit um eine Schatzkarte des 1701 in England wegen Piraterie zum Tode verurteilten Kapitän Kidd handelt.

Leider ist die Karte so stark angegriffen, dass sie nur noch in wenigen Teilen erhalten und lesbar ist. Vermutlich handelt es sich bei der Darstellung darauf um die vor der Küste Neuschottlands liegende Insel Oak Island, die Kidd nach einem seiner Beutezüge angelaufen und als Versteck der Ladung genutzt haben soll.

Diese Seemannskiste des 1701 wegen Piraterie zum Tode verurteilten Kapitäns William Kidd enthielt Fragmente einer alten Schatzkarte.

Oak Island

Sunday, 14. May 160_

Nova Scotia

Informationen zu Kapitän William Kidd

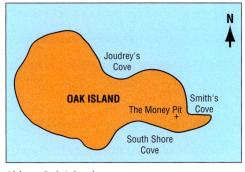

Abb. 1: Oak Island

William Kidd wurde vermutlich im Jahr 1645 in Greenock, einer kleinen schottischen Hafenstadt, in der Grafschaft Renfrew geboren. Sein Vater, ein Prediger, erzog ihn streng, was dazu führte, dass William mit 14 Jahren von zu Hause durchbrannte und in Glasgow als Schiffsjunge auf einem Segler anheuerte. Die Fahrt ging nach den Westindischen Inseln, die heute als Antillen (u. a. Kuba, Jamaika, Haiti) bekannt sind. William Kidd genoss eine gründliche praktische seemännische Ausbildung.

1673 im Krieg zwischen England und den Niederlanden diente Kidd als Leichtmatrose und Hilfskanonier auf der PRINCE ROYAL. Da er zu Hause Lesen und Schreiben gelernt hatte, machte er schnell Karriere. Nach dem Krieg, um 1680, war er bereits Eigner eines kleinen Zweimastseglers, mit welchem er an der neuenglischen Küste Handel trieb. Da die Piraterie in jenen Tagen blühte, ist anzunehmen, dass er Kontakte mit Piraten pflegte und mit Piratenbeute handelte, was ihn schnell zu einem wohlhabenden Mann und Besitzer einer kleinen Flotte von Handelsschiffen machte.

Abb. 2: Neuschottland

Er ließ sich in New York, damals eine Stadt mit etwa zwanzig- bis dreißigtausend Einwohnern, nieder und genoss den Ruf eines angesehenen Bürgers. Als England 1688 Frankreich den Krieg erklärte, wurde das „privateering" (von Privatleuten ausgestattete kleinere Kriegsschiffe zum Beschlagnahmen gegnerischer Handelsschiffe) legalisiert. Auch William Kidd betätigte sich als Privateer. Da die Finanziers dieser Kriegsschiffe ebenso wie deren Besatzung Erfolge sehen wollten, verwischte sich die Grenze zwischen privateering und Piraterie

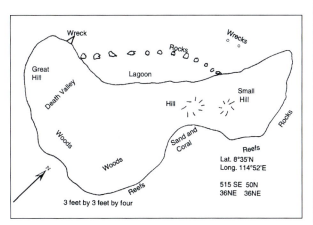

Abb. 3: William Kidds „Skeleton Island"

sehr schnell. Ende des 17. Jahrhunderts wurde im Zuge des Friedensschlusses zwischen Frankreich und England der Spielraum für Piraten kleiner. Kidd wurde 1699 in Boston bei der Rückkehr von einer Kaperfahrt festgenommen und nach London überführt, wo er am 23. Mai 1701 gehängt wurde. Zur Abschreckung hängte man den mit Teer bestrichenen Leichnam für mehrere Jahre auf dem Hafendamm am Themseufer auf.

Man vermutet, dass Kidd einen Teil der Beute seiner Kaperfahrten in Sicherheit gebracht hat. Ein kleiner Teil soll auf der nördlich von Long Island gelegenen Insel **Gardiners Island** gefunden worden sein. **Oak Island**, vor der Küste Neuschottlands gelegen, gilt ebenfalls als mögliches Versteck, zumal diese Insel „Money Pit", einen geheimnisvollen Schacht, aufweist, dessen Herkunft viele Fragen aufwirft und der sein Geheimnis noch nicht preisgegeben hat. Darüber hinaus veröffentlichte Harold T. Wilkins 1935 ein Buch mit dem Titel „Captain Kidd and his **Skeleton Island**". Der Name der Insel sowie die im Buch enthaltene Skizze (vgl. Abb. 3) gehen angeblich auf Originalkarten zurück, die sich in Händen eines Antiquitätenhändlers befanden. Auffällig ist die ähnliche Form von „Oak Island" und „Skeleton Island", das im Chinesischen Meer liegen soll. Da Wilkins die Kartenskizze aus der Erinnerung nach einem Blick auf die Originalkarten gezeichnet haben will, sind gewisse Abweichungen einzuräumen. Es ist bekannt, dass Piraten auf ihren Karten zum Schutz gerne falsche Ortsbezeichnungen angaben, und es spricht einiges dafür, dass Kidd dieser Tradition entsprach.

© Schöningh Verlag, Best.-Nr. 018120

■■ **Aufgabe:** Rekonstruiere die Schatzkarte.

● Schneide die vorgegebenen Karten-Bestandteile aus.
● Platziere sie auf einem DIN A3-Zeichenblatt.
● Klebe sie auf.
● Ergänze Fehlendes unter Verwendung geeigneter Zeichenwerkzeuge.
● Koloriere die Schatzkarte, sodass sie möglichst echt aussieht.

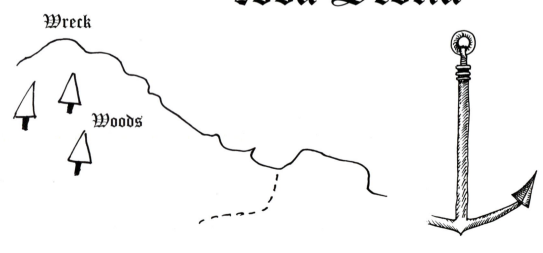

© Schöningh Verlag, Best.-Nr. 018120

Schülerarbeit: Schatzkarte

Fassaden
Wellpappe-Relief nach F. Hundertwasser

Sachanalyse

Unter einem **Relief** (ital.: rilievo → erhabene Arbeit) versteht man eine an eine Fläche gebundene plastische Arbeit. Das Relief tritt aus der Fläche, an die es gebunden ist, plastisch hervor und steht damit zwischen Zeichnung und Rundplastik, da es im Gegensatz zur Rundplastik nur eine Hauptansicht hat. Die besondere Wirkung des Reliefs ergibt sich aus seiner Licht- und Schattenwirkung. Diese wiederum steht in Abhängigkeit von der Ausführung als Tief-, Flach-, Halb- oder Hochrelief. Im Hochrelief sind die Objekte etwa zu 2/3 ausgebildet. Sie weisen damit unterschnittene (untergriffige) Formen auf, was zu einer Verstärkung der Licht- und Schattenwirkung führt. Durch die Loslösung einzelner Elemente von der Grundfläche nähert sich das Hochrelief der Rundplastik an. Im Gegensatz hierzu sind beim Halbrelief, wie der Name bereits andeutet, die erhabenen Partien im Vergleich zur Rundplastik nur bis zur Hälfte ausgebildet. Das nur schwach ausgebildete Relief gab dem Flachrelief seinen Namen. Münzen weisen beispielsweise ein solches Relief auf. Liegt die Darstellung vertieft in der Grundfläche, so spricht man von einem Tiefrelief, wie es häufig in der ägyptischen Kunst anzutreffen ist.

Reliefs können aus ganz unterschiedlichen Materialien und unter Anwendung verschiedener Verfahren entstehen, neben modellierenden oder skulptierenden Verfahren auch als Assemblage oder Montage.

Wellpappe ist ein Papierprodukt. Sie kann aus mehreren Lagen bestehen, wobei sich Wellenbahnen mit glatten Kartonbahnen abwechseln (vgl. Abb. 1, S. 77). Jede zusätzliche Bahn erhöht die Stabilität von Wellpappe. Wellpappe ist heute das am häufigsten anzutreffende Verpackungsmaterial. Je nach Verwendungszweck sind bis zu fünflagige Wellpappen üblich. In Anlehnung an architektonische Konstruktionen mit Wellblech wurde dieses Material Ende des 19. Jahrhunderts von dem Amerikaner L. Jones entwickelt.

Als **reliefplastischer Werkstoff** eignet sich mehrlagige Wellpappe hervorragend. Mit einfachsten Werkzeugen lassen sich einzelne Bahnen abtragen und verschiedene Reliefebenen erzielen. Die unterschiedliche Ausrichtung der Wellenstruktur, die einfachen Möglichkeiten von deren Bearbeitung und der Kontrast zwischen glatten und gewellten Flächen (vgl. S. 77) machen Wellpappe zu einem guten Ausgangsmaterial für reliefplastische Montagen, insbesondere für die Schule.

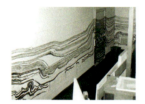

Abb. 1: Friedensreich Hundertwasser, Aktion: „Die Linie von Hamburg" an der Kunsthochschule Lerchenfeld, Hamburg, 1959

Friedensreich Hundertwassers Postulat, die gerade Linie zu verdammen, den „Urwald der geraden Linien, der uns immer mehr wie Gefangene in einem Gefängnis umstrickt,"[1] zu roden, lässt sich mit der durch ihre Liniatur geprägten Wellpappe besonders anschaulich umsetzen. In Anlehnung an Hundertwassers Tätigkeit als „Architektur-Doktor" (vgl. S. 76) haben die Schülerinnen und Schüler die Aufgabe, die Liniatur der Wellen des zur Gestaltung von Hausfassaden dienenden Werkstoffes Wellpappe-Relief zu unterbrechen oder aufzulösen.

[1] Aus: Verschimmelungsmanifest gegen den Rationalismus in der Architektur, Seckau, 1958

Medien

Anschauungsmittel

- ✔ Folien, S. 75 – 77
- ✔ Tageslichtprojektor
- ✔ Projektionsfläche
- ✔ Wellpappe
- ✔ Tafel/Kreide

Arbeitsmittel

- ✔ Arbeitsblätter, S. 78/79
- ✔ Wellpappe
- ✔ Schere
- ✔ Schneidemesser (Cutter)
- ✔ Schneideunterlage
- ✔ Klebstoff
- ✔ schwarzes Tonpapier DIN A2
- ✔ Gold- und/oder Silberpapier
- ✔ weiße Dispersionsfarbe und Pinsel
- ✔ alte Zeitungen
- ✔ Arbeitskittel
- ✔ Deckfarben und Zubehör

Zu beachten

- Sicherheitshinweise zum Umgang mit Schneidemessern beachten
- Pflaster bereithalten
- Klebstoffränder vermeiden
- Bei der Verwendung von Schneidemessern Schneideunterlage benutzen (z. B. Kartonrückseite des Zeichenblocks)
- Wellpappe-Relief (aus Verpackungsmaterial) vor der Bemalung mit Deckfarben mit weißer Dispersionsfarbe (Innenwandfarbe) grundieren
- Verarbeitung von Innenwandfarbe
    - Arbeitsfläche mit alten Zeitungen auslegen
    - Arbeitskleidung tragen
    - Farbe nicht zu dick auftragen
    - Pinsel nach Gebrauch gut mit Wasser auswaschen

Geplanter Unterrichtsverlauf

	Lehreraktivitäten / Alternative / Schüleraktivitäten	Sozialform	Medien	Die Schülerinnen/ Schüler sollen (Lernziele)
Hinführung	Präsentation von Folie 1, S. 75, und Hundertwasser-Zitaten			• Friedensreich Hundertwasser als Künstler kennen lernen.
	Die Schülerinnen und Schüler vergleichen Hundertwassers Maxime mit den präsentierten Abbildungen und beziehen Stellung.			• beurteilen können, inwieweit Hundertwassers architektonische Entwürfe seinen theoretischen Forderungen entsprechen.
	• Informationen zu F. Hundertwasser, S. 76 • Präsentation von Folie 2, S. 76			
	Die Schülerinnen und Schüler äußern sich zu den präsentierten Abbildungen.			• die Architektur Hundertwassers kennen lernen.
Erarbeitung	• Vorstellung des Materials Wellpappe • Ausgabe von Arbeitsblatt 1, S. 78			• das Relief als plastische Darstellungsart kennen lernen. • Wellpappe als reliefplastisches Material kennen lernen und auf verschiedene Ausdrucksmöglichkeiten hin untersuchen können.
	Besprechung der Aufgabenstellung von Arbeitsblatt 1, S. 78			
	• Ausgabe von Wellpappe, Scheren, Schneidemessern, (Schneideunterlagen) • Hinweise zum Gebrauch der Schneidemesser			
	Die Schülerinnen und Schüler bearbeiten Arbeitsblatt 1, S. 78.			
	Ergebnissicherung: Einzelne Schülerinnen und Schüler stellen ihre Ergebnisse vor.			• die Ergebnisse der Erprobung der reliefplastischen Möglichkeiten von Wellpappe präsentieren können.
	Präsentation von Folie 3, S. 77			
	Ausgabe von Arbeitsblatt 2, S. 79			
	Besprechung der Aufgabenstellung von Arbeitsblatt 2, S. 79			
	• Ausgabe von Werkzeugen und Arbeitsmaterialien • Gruppenbildung			
Anwendung	Bearbeitung der fachpraktischen Aufgabe gemäß den Angaben von Arbeitsblatt 2, S. 79			• die fachpraktische Aufgabe realisieren können.

Friedensreich Hundertwasser stellte anlässlich einer Rede am 4. Juli 1958 in der Abtei Seckau für seine Architektur fest: *„Die gerade Linie ist gottlos und unmoralisch. Die gerade Linie ist keine schöpferische, sondern eine reproduktive Linie. In ihr wohnt weniger Gott und menschlicher Geist als vielmehr die bequemheitslüsterne, gehirnlose Massenameise."* Anhand des 1999 von Hundertwasser umgestalteten Martin-Luther-Gymnasiums in Wittenberg (Folie 1, Seite 75) überprüfen die Schülerinnen und Schüler diese Feststellung. Sie lernen über Folie 2, Seite 76, weitere Architekturprojekte Hundertwassers kennen. Nach der Einführung des Begriffes „Relief" (Arbeitsblatt 1, S. 78) haben sie die Aufgabe, möglichst viele unterschiedliche Arten der Reliefbildung mit Wellpappe zu finden. Dieser Arbeit sollten Hinweise im Umgang mit Schneidemessern vorausgehen. Zum Schutz der Arbeitstische sind Schneideunterlagen vonnöten. Hierfür eignet sich ggf. die Kartonrückseite des Zeichenblockes. Folie 3, Seite 77, zeigt verschiedene Möglichkeiten des Reliefs von fünflagiger Wellpappe. Sie können ggf. als zusätzliche Illustration der von den Schülerinnen und Schülern gefundenen Lösungen oder als Anregung für die reliefplastische Arbeit dienen.

Abb. 2: Schneidearbeit

Abb. 3: Bemalen des Reliefs

Arbeitsblatt 2, Seite 79, enthält die Aufgabenstellung und Arbeitsschritte für die fachpraktische Aufgabe in der Phase der Anwendung. Die bildnerische Aufgabe soll in arbeitsteiliger Gruppenarbeit bearbeitet werden. Dazu sind unter den Gruppenmitgliedern Absprachen bezüglich der Maße, Form und Farbgebung der Häuserfassaden notwendig. Als Grundfläche des Reliefs und zur Aufnahme der gestalteten Wellpappeformen dient schwarzes festeres Tonpapier oder Karton der Größe DIN A2. Die Gruppengröße orientiert sich hieran und sollte drei bis vier Schülerinnen bzw. Schüler umfassen.

Oberflächlich betrachtet scheint die oben zitierte Maxime Hundertwassers die Verwendung von Wellpappe als Realisationsmedium zu verbieten, zeichnet sich doch eben dieser Werkstoff durch gerade parallele Linienführung der Wellen aus. Doch vermittelt diese für Wellpappe charakteristische Struktur keine Strenge, sondern aufgrund der Flexibilität und auch Instabilität des Materials eine gewisse Lebendigkeit, die der Hundertwasser'schen Maxime durchaus entspricht und diesen zunächst für diese Gestaltungsaufgabe ungeeignet scheinenden Werkstoff als hervorragendes Realisationsmedium auszeichnet, vor allem auch vor dem Hintergrund des gestalterischen und handwerklichen Entwicklungsstandes der Schülerinnen und Schüler. Zudem stellt die parallele Ausrichtung der Wellen mit ihrer grafischen Lineatur die Schülerinnen und Schüler ganz im Sinne Hundertwassers vor die Aufgabe, geeignete Formen zur Auflösung derselben zu finden.

Fünflagige Wellpappe ist leicht zu bearbeiten und bietet mannigfaltige Möglichkeiten der Verwendung als Relief: Neben dem Abtragen der einzelnen Lagen und der Bildung verschiedener Niveaus, sowohl glatter als auch gewellter, besteht die Möglichkeit der unterschiedlichen Ausrichtung der Wellen sowie deren weitere Bearbeitung (vgl. S. 77).

Vor dem Bemalen mit Deckfarben empfiehlt es sich, das Relief mit weißer Dispersionsfarbe (Innenwandfarbe) zu grundieren. Die Pappe saugt dann nicht so sehr die Deckfarbe auf, außerdem erhalten die Farben größere Leuchtkraft.

Das Grundieren sollte an einem extra hierfür ausgewiesenen Tisch stattfinden, der zuvor mit altem Zeitungspapier abgedeckt wurde. Zum Auftragen der Dispersionsfarbe dienen etwas breitere Borstenpinsel. Da die Schülerinnen und Schüler die vorausgehenden Arbeiten nicht gleichzeitig abschließen und das Grundieren wenig Zeit beansprucht, genügt in der Regel ein hierfür ausgewiesener Tisch. Am besten legt man auch ein oder zwei Arbeitskittel bereit. Die Farbe sollte nicht zu dick aufgetragen werden. Die Wellenstruktur darf nicht leiden, zudem trocknet dünn aufgetragene Dispersionsfarbe recht schnell, sodass eine kleinere, ebenfalls mit alten Zeitungen ausgelegte Fläche zum Trocknen der Arbeiten ausreicht.

Nach erfolgtem Deckfarbenauftrag werden einzelne Flächen mit Gold- oder Silberpapier beklebt. Wenn alle Mitglieder der Gruppe ihre Reliefs fertig gestellt haben, können diese auf schwarzem Tonpapier angeordnet und aufgeklebt werden. Dies geschieht am besten mit einem Flüssigkleber. Klebstoffränder sollten hierbei vermieden werden. Anschließend kann die Gruppe noch Mond und/oder einige Sterne aus Gold- oder Silberpapier fertigen und mit Klebestiften aufkleben.

Schülerarbeit: Gestaltung von Häuserfassaden als Wellpappe-Relief (Gruppenarbeit)

Martin-Luther-Gymnasium Wittenberg

Abb. 1: Friedensreich Hundertwasser, Offsetlitho; Architekturbild

Abb. 2: Das Martin-Luther-Gymnasium wurde 1975 als Plattenbau vom Typ Erfurt II erbaut.

Abb. 3: Seit Mai 1999 steht der nach den Plänen von Hundertwasser restaurierte Bau in Wittenberg.

„Wir leben heute in einem Chaos der geraden Linien, in einem Dschungel der geraden Linien. Wer dies nicht glaubt, der gebe sich einmal die Mühe und zähle die geraden Linien, die ihn umgeben, und er wird begreifen; denn er wird niemals ans Ende gelangen."
Aus: F. Hundertwasser, Rede in der Abtei Seckau am 4. Juli 1958

„Was mir auch noch missfällt an den Neubauten, sind auch diese stereotypen*, geometrischen waagerechten Linien, die absolut tödlich sind. Es ist möglich, diese sterilen tödlichen parallelen Geraden etwas zu besänftigen dadurch, dass man kleine winzige Umänderungen bringt an diesen Geraden, dass sie nicht mehr so gerade sind und nicht mehr so tödlich steril ins Auge fallen."
Aus: Abschrift einer Tonbandrede an die Belegschaft der Firma Rosenthal, Selb, Deutschland, 18. Mai 1980

* abgedroschen, langweilig

© Schöningh Verlag, Best.-Nr. 018120

Fernwärmewerk Spittelau, Wien 1988 – 1992

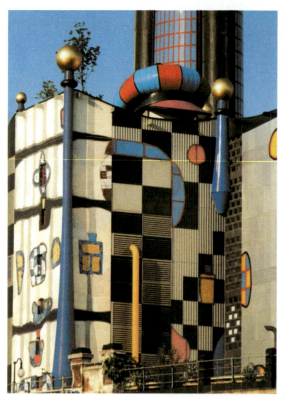
Abb. 1: Ausschnitt

Abb. 2: Vor dem Umbau und kurz vor der Fertigstellung

Kurzinfo über Friedensreich Hundertwasser

Hundertwasser wird am 15. Dezember 1928 als Friedrich Stowasser in Wien geboren. Sein Vater stirbt 1929 und 1943 werden 69 jüdische Familienangehörige mütterlicherseits deportiert und getötet.

Nach dem Besuch der Montessori-Schule und dem Abitur 1948 in Wien verbringt er drei Monate an der Wiener Kunstakademie. Ausgedehnte Studienreisen führen ihn anschließend u.a. nach Marokko und Tunesien. Er entwickelt einen eigenen Stil und nimmt den Namen „Hundertwasser" an. 1959 wird er Gastdozent an der Hochschule für Bildende Künste in Hamburg. Der Skandal „Endlose Linie" führt zur Rückgabe der Dozentur.
1981 wird er zum Leiter der Meisterschule für Malerei an die Akademie der Bildenden Künste in Wien berufen.

Von 1983 bis 1986 entsteht in Wien das „Hundertwasser-Haus". Ab 1990 arbeitet der Künstler an zahlreichen Architekturprojekten; er betätigt sich u.a. auch als „Architektur-Doktor" am Fernwärmewerk Spittelau in Wien, der Rosenthal-Fabrik in Selb und am Martin-Luther-Gymnasium Wittenberg. Er stirbt am 19. Februar 2000.

Verschiedene Möglichkeiten der Reliefbildung mit fünflagiger Wellpappe

1 Niveaus von fünflagiger Wellpappe

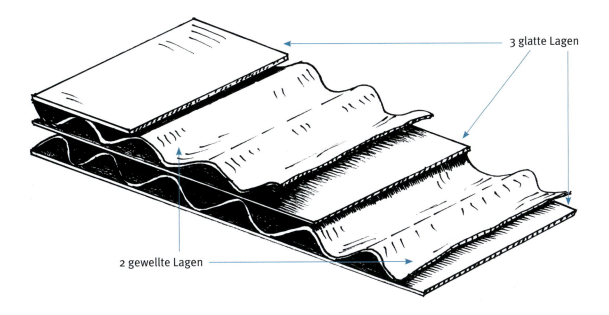

3 glatte Lagen

2 gewellte Lagen

2

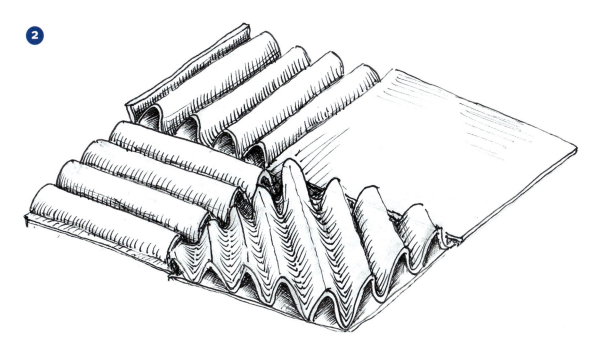

© Schöningh Verlag, Best.-Nr. 018120

Ein Relief ist eine plastische Arbeit, die wie ein Bild an eine Fläche gebunden ist und von vorne betrachtet wird. Die besondere Wirkung des Reliefs beruht auf dem Gegensatz von Licht und Schatten, hervorgerufen durch die höher und tiefer liegenden Teile der reliefplastischen Arbeit.

Wellpappe ist ein Papierprodukt, das Ende des 19. Jahrhunderts zu Verpackungszwecken erfunden wurde. Sie besteht aus parallel zueinander verlaufenden Wellen, die je nach gewünschter Stabilität durch glatte Karton- und weitere Wellenbahnen verstärkt werden. So entsteht ein mehrlagiger, äußerst belastbarer Karton.

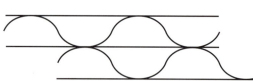

fünflagige Wellpappe: zwei Wellenbahnen und drei glatte Kartonflächen

Wellpappe eignet sich gut für grafisches und reliefplastisches Arbeiten. Grafiker und Designer haben den Werkstoff bereits entdeckt und verwenden ihn gerne seines optischen Reizes und der vielseitigen und leichten Bearbeitungsmöglichkeiten wegen.

AUFGABE: Untersuche Wellpappe hinsichtlich ihrer verschiedenen Möglichkeiten der Verwendung als Relief.

Tipps

- verschiedene Ausrichtung der Wellen
- Wellen stellenweise plattdrücken
- Wellen in eine Richtung drücken
- Wellen aufschneiden
- glatte Kartonschicht oder Wellenbahn abtragen
- …

© Schöningh Verlag, Best.-Nr. 018120

AUFGABE:

Gestaltung von Häuserfassaden als Wellpappe-Relief (Gruppenarbeit)

In der Gruppe zu klären:

- Breite und Höhe der einzelnen Gebäude
- Form der Gebäude und Gliederungselemente
- Farbgebung

1. Form des Gebäudes festlegen
2. Aufteilung der Gebäudeform in mehrere Teile mit unterschiedlicher Wellengröße und -ausrichtung
3. Architektonische Gliederungsformen wie Fenster, Türen, Sockel, Friese, Säulen … aufzeichnen
4. Reliefplastische Überarbeitung der Wellenstruktur
5. Relief mit weißer Dispersionsfarbe grundieren
6. Bemalung mit dickflüssiger Deckfarbe
7. Formen aus Gold- und/oder Silberpapier aufkleben
8. Relief auf schwarzes Tonpapier aufkleben
9. Evtl. Himmel mit Mond und Sternen ausgestalten

> Höchstens ein Gebäude sollte noch in das obere Drittel der Grundfläche ragen.
>
> - - - - - - - - - - - - - - - -
>
> Schwarzes Tonpapier als Grundfläche für die Wellpappe-Reliefs
>
> DIN A2 = 42 x 59,4 cm

Beim Gebrauch von Schneidemessern beachten:

- ✔ Schneideunterlage verwenden
- ✔ Messer nie zu der das Papier haltenden Hand führen

Beim Umgang mit Dispersionsfarbe beachten:

- ✔ Arbeitskittel tragen
- ✔ Arbeitstisch abdecken
- ✔ Farbe nicht zu dick auftragen
- ✔ Pinsel nach Gebrauch auswaschen

© Schöningh Verlag, Best.-Nr. 018120

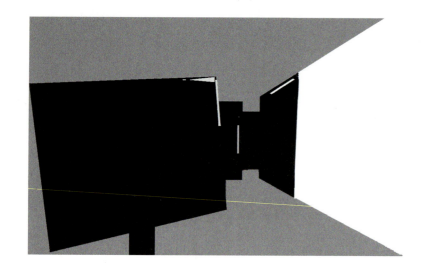

SPOT LIGHT
Deckfarbenmalerei

Abb. 1: Henri de Toulouse-Lautrec, Im Zirkus Fernando, 1888

Abb. 2: Ernst Ludwig Kirchner, Zirkusreiterin, 1912

Sachanalyse

Zirkus, Variété und Theater stellten für viele Maler ein faszinierendes Sujet dar, das ihnen interessante Motive bot. So setzten sich Künstler wie M. Chagall, H. de Toulouse-Lautrec (Abb. 1), E. Degas, P. Picasso oder E. L. Kirchner (Abb. 2) intensiv mit diesem Thema auseinander. Aber auch auf zeitgenössische Künstler wie Otmar Alt übt dieser Themenbereich seinen Reiz aus. Neben der grundsätzlichen Faszination, die von Bühnen- und Zirkusshows ausgeht, sind es aber auch formale Aspekte, die diese Motive für bildende Künstler interessant machen: Das sind vor allem Farb- und Hell-Dunkel-Kontraste sowie die Bewegung.

Aus dem Gegensatz von farblich nuanciert abgestuften Rasterflächen und dem harten Hell-Dunkel-Kontrast von beleuchteter Szene und im Dunkeln liegenden Bildteilen erhält auch **Paul Klees** Bild *Kampfscene aus der komisch-phantastischen Oper „Der Seefahrer"*, 1923 (Abb. S. 86) u.a. seine Dramatik. Kräftige **Hell-Dunkel-Kontraste** erregen Aufmerksamkeit. Sie können sich aus dem Nebeneinander zweier reinbunter Farben mit starkem Unterschied der Eigenhelle, z. B. Gelb und Violett, ergeben oder aus dem stärksten Hell-Dunkel-Gegensatz überhaupt, den unbunten Farben Weiß und Schwarz. Durch Zumischen von Buntfarben mit anderer Eigenhelle oder von Schwarz oder Weiß lassen sich gleichfalls Hell-Dunkel-Kontraste herstellen.

Erfährt eine Farbe die Zumischung einer der unbunten Farben Weiß, Grau oder Schwarz, so bezeichnet man dies als **Aufhellen** oder **Abdunkeln** oder **Hell- bzw. Dunkeltrübung**. Das Zumischen der Komplementärfarbe wird im Unterschied hierzu als **Brechen** bezeichnet. Beides bedingt eine **Dämpfung der Farbintensität**. Auf diese Weise lassen sich feinste **Farbnuancen**, aber auch harte Hell-Dunkel-Kontraste erzielen.

80

Medien

Anschauungsmittel

- ✓ Folien 1 – 4, S. 84 – 87
- ✓ Tageslichtprojektor
- ✓ Projektionsfläche

Arbeitsmittel

- ✓ Arbeitsblätter, S. 88/89
- ✓ Deckfarben und Zubehör
- ✓ Deckweiß
- ✓ Tafel/Kreide
- ✓ Klebestreifen oder Pinnnadeln oder Magnete zum Aufhängen der Übungen von Arbeitsblatt 2
- ✓ Zeichenblock DIN A3
- ✓ Bleistift

Zu beachten

- Raster nicht zu engmaschig anlegen
- Raster nur in zarten Bleistiftstrichen einzeichnen
- Keine zu detaillierte Darstellung
- Ausschnitthafte Zeichnung
- Farbe dickflüssig anmischen
- Ein lasierender Farbauftrag würde eine Überforderung darstellen.

Geplanter Unterrichtsverlauf

	Lehreraktivitäten	Schüleraktivitäten	Sozial-form	Medien	Die Schülerinnen/ Schüler sollen
Hinführung	Präsentation von Folie 1, S. 84				
		Die Schülerinnen und Schüler erkennen eine leere Manege und nennen denkbare Darbietungen.			• Zirkusattraktionen nennen können.
Erarbeitung	Tafelanschrieb: *Zirkusattraktionen*				• die genannten Zirkusattraktionen an der Tafel festhalten.
		Die Schülerinnen und Schüler schreiben die von ihnen genannten Darbietungen an die Tafel.			
	• Präsentation von Folie 2, S. 85 • Abdeckung der Bildtitel				• die präsentierten Zirkusattraktionen benennen und sich zu den Darstellungen äußern können.
		Die Schülerinnen und Schüler äußern sich zu den präsentierten Bildern.			
	Präsentation von Folie 3, S. 86				• sich zu Paul Klees Bild äußern und Unterschiede und Gemeinsamkeiten zu den bereits präsentierten Bildern nennen können.
		• Die Schülerinnen und Schüler beschreiben das Bild. • Sie nennen Gemeinsamkeiten und Unterschiede zu den Abbildungen der Folien 1 und 2. Genannt werden z. B.: Rasterung/Scheinwerferlicht/Hell-Dunkel-Kontrast/Realitätsbezug			
	• Ausgabe von Arbeitsblatt 1, S. 88 • Lesen und Besprechung des Inhaltes im Klassenverband				• Informationen zu Paul Klee, seinem Aquarell *Kampfscene aus der komisch-phantastischen Oper „Der Seefahrer"* und zum Trüben von Farben erhalten.
	• Ausgabe von Arbeitsblatt 2, S. 89 • Besprechung der Aufgabenstellung				
		Die Schülerinnen und Schüler bearbeiten Arbeitsblatt 2, S. 89.			• die fachpraktische Übung von Arbeitsblatt 2 bearbeiten und sich kritisch zu den Ergebnissen äußern können.
	Präsentation einzelner Arbeitsergebnisse				
		Die Schülerinnen und Schüler äußern sich zu den präsentierten Arbeiten, ihrer Ausführung und Wirkung.			
	Präsentation von Folie 4, S. 87				• die Arbeitsschritte zur fachpraktischen Aufgabe nachvollziehen können.
	Besprechung der einzelnen Arbeitsschritte zur fachpraktischen Aufgabe				
Anwendung		Die Schülerinnen und Schüler bearbeiten die bildnerische Aufgabe.			• die bildnerische Aufgabe bearbeiten können.

82

didaktischer Kommentar

Der Einstieg in diese Unterrichtseinheit erfolgt über das Folienbild einer Zirkusmanege (Folie 1, S. 84). Im Lichtkegel des Scheinwerfers sind lediglich Besucher auf ihren Sitzplätzen zu sehen. Das Rund der Manege selbst ist leer. Damit werden bereits zwei wesentliche Unterrichtsinhalte angeschnitten, nämlich das Motiv, die Zirkusnummer, und der durch das Scheinwerferlicht bedingte Hell-Dunkel-Kontrast. Die Schülerinnen und Schüler nennen verschiedene Zirkusattraktionen, auf die der Scheinwerfer gerichtet sein könnte, und halten sie an der Tafel fest.

Zur Veranschaulichung, aber auch zur Verdeutlichung des Ausschnitthaften eines solchen Bildgeschehens folgt hierauf die Präsentation entsprechender Lösungen von Künstlern (Folie 2, S. 85). Da bei den präsentierten Bildern nur in Franz Masereels Holzschnitt *Fliegendes Trapez* durch Scheinwerferlicht hervorgerufener harter Hell-Dunkel-Kontrast bildwirksam wird, erfolgt nun die Präsentation von Paul Klees *Kampfscene aus der komisch-phantastischen Oper „Der Seefahrer"*. Neben dem ausgeprägten Hell-Dunkel-Kontrast der im Scheinwerferlicht agierenden Protagonisten stehen insbesondere die fein nuancierten Abstufungen des Linienrasters im Mittelpunkt der Betrachtung.

Arbeitsblatt 1, Seite 88, greift diese Inhalte nochmals auf. In der fachpraktischen Übung (Arbeitsblatt 2, S. 89) sollen die Schülerinnen und Schüler in Anlehnung an Klee die Felder des Linienrasters wie auch durch Motiv- und Rasterlinien gebildete Felder farblich gestalten. Dabei ist wichtig, dass aneinander grenzende Felder unterschiedliche Farben oder Nuancen haben. Die Schülerinnen und Schüler erfahren hierdurch, dass bereits ein geringes Zumischen einer anderen Farbe eine sichtbare Veränderung der Farbe zur Folge hat und dass sich eine Vielzahl verschiedener Valeurs ermischen lässt. Ferner erfahren sie im praktischen Erproben, dass bei reinbunten Farben mit dem Zumischen einer anderen Farbe eine Dämpfung der Leuchtkraft einhergeht. Sie lernen die Bezeichnungen „Aufhellen" und „Abdunkeln" und den Begriff „Trübung" kennen und wenden diese Verfahren fachpraktisch an.

Wichtig ist, dass die Felder des Rasters nicht zu klein sind. Dies setzt aber auch voraus, dass die zentralen Bildelemente, also die dargebotene Zirkusnummer, nahezu formatfüllend ins Bild gesetzt wird. Die Rasterung fordert von den Schülerinnen und Schülern nicht nur ein differenziertes Abstufen der Farben, sie wirkt auch einem Sich-im-Detail-Verlieren entgegen.

Beim Einzeichnen der Linien des Rasters sollte auf die Verwendung eines Lineals verzichtet werden, das Raster würde hierdurch zu steif und schematisch. Die in dieselbe Richtung verlaufenden Linien des Rasters sollen zwar einigermaßen parallel zueinander verlaufen, eine exakte Parallelität ist jedoch nicht angestrebt, ebenso wenig wie eine parallele Ausrichtung zu den Bildrändern. Die Abstände der Linien können etwas variieren, sodass sich Unterschiede in der Größe der durch das Raster gebildeten Felder ergeben.

Bei der fachpraktischen Arbeit wird die Zeichnung zunächst mit Bleistift angelegt. Sie sollte sich auf ein Minimum an Binnenzeichnung beschränken. Wichtig ist eine vereinfachte Form mit klaren Konturen. Sowohl die Rasterlinien als auch das Oval des Lichtkegels sollten nur zart mit Bleistift eingezeichnet werden, sodass sich die Abgrenzung der Felder später lediglich durch die Farbe ergibt. Am besten erfolgt zunächst die Farbgestaltung der Felder im Lichtkegel. Es empfiehlt sich, die Farben dickflüssig anzumischen. Die überzeugende Wirkung der Darstellung ergibt sich letztendlich auch aus der sauberen Darstellung.

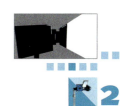

Abb. 1: Erich Heckel, Seiltänzerin, 1909

Abb. 2: Fernand Léger, Jongleur und zwei Trapezkünstler, 1953

Abb. 3: Frans Masereel, Fliegendes Trapez, 1925

Abb. 4: Georges Seurat, Der Zirkus, 1891

Paul Klee, Kampfscene aus der komisch-phantastischen Oper „Der Seefahrer", 1923, 123; 34,5 x 50 cm; Bleistift, Ölpause und Aquarell auf Papier, unten Randstreifen mit Aquarell und Feder, mit Gouache und Feder eingefasst, aus Karton; Öffentliche Kunstsammlung Basel, Kupferstichkabinett

86

© Schöningh Verlag, Best.-Nr. 018120

Arbeitsschritte

1. Überlege dir eine Zirkusattraktion, die du darstellen möchtest.

2. Was eignet sich besser für die geplante Darstellung:
   Hoch- oder Querformat?

3. Lege mit Bleistift die Zeichnung an.
   - Stelle nur das Wichtigste dar. Stelle es möglichst groß dar.
   - Verzichte auf Details.
   - Zeichne nur Umrisse.

4. Zeichne mit Bleistift das Linienraster ein.
   - Verwende kein Lineal, sonst wird das Raster zu steif.
   - Achte darauf, dass die Linien einigermaßen parallel zueinander verlaufen.
   - Die Rasterlinien sollten in einem leichten Winkel zu den Bildrändern verlaufen. Dadurch kommt mehr Spannung in dein Bild.

5. Zeichne nun den Lichtkegel des Scheinwerfers ein.

6. Farbige Gestaltung:
   - Beginne mit den hellen Farben des Lichtkegels.
   - Verwende nie dieselbe Farbe in angrenzenden Feldern.
   - Trage die Farben dickflüssig auf.
   - Achte auf saubere Ränder.

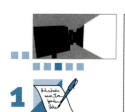

Paul Klee, Kampfscene aus der komisch-phantastischen Oper „Der Seefahrer", 1923, 123; 34,5 x 50 cm; Bleistift, Ölpause und Aquarell auf Papier, unten Randstreifen mit Aquarell und Feder, mit Gouache und Feder eingefasst, aus Karton; Öffentliche Kunstsammlung Basel, Kupferstichkabinett

Paul Klee wird am 18.12.1879 in der Schweiz geboren. Er ist hochmusikalisch und spielt bereits im Kindesalter in einem großen Orchester Violine. In München studiert er Kunst. Klee versteht sich zunächst als Zeichner. Doch 1914 unternimmt er mit seinem Malerfreund August Macke eine Tunisreise, die ihn zur Farbe führt.

Im Vordergrund seines künstlerischen Schaffens steht nicht die fotografische Abbildung, sondern eine „traumhafte" Bildsprache, die das in den Dingen Verborgene sichtbar machen soll. In den Jahren 1921 – 1930 unterrichtet Paul Klee am Bauhaus in Dessau und Weimar, wo er sich intensiv mit den Beziehungen und Wirkungen von Form und Farbe befasst. 1933 weicht er dem Druck der Nazis und kehrt zurück in die Schweiz. Als „entartete Kunst" werden 1937 über 100 seiner Werke von den Deutschen beschlagnahmt. Klee lebt und arbeitet bis zu seinem Tod am 29.6.1940 in der Schweiz.

Klees Aquarell *Kampfscene aus der komisch-phantastischen Oper „Der Seefahrer"*, das zu einer Reihe von Theaterbildern gehört, zeigt den engen Bezug seiner Malerei zur Musik. Neben Bildtitel und Motiv verweist hierauf auch sein Umgang mit der Farbe. Klee hat das Bild als **Raster** angelegt. Das Zentrum des Bildes zeigt die kämpfenden Figuren, angestrahlt von zwei Scheinwerfern. In feinen **Farbabstufungen** (Nuancen) reiht er die Flächen des Rasters wie Töne in der Musik bis in die dunklen Ecken hinein aneinander. Der kräftige **Hell-Dunkel-Kontrast**, hervorgerufen durch das Spotlight der Scheinwerfer, verstärkt die dramatische Spannung.

Die zarten Farbunterschiede erzielt Paul Klee durch lasierenden (den Untergrund durchscheinend lassenden) Farbauftrag. Auch mit Deckfarben lassen sich solche Farbunterschiede erzielen, indem man die Farben durch Zumischen von Weiß aufhellt oder durch Zumischen von Schwarz abdunkelt. Dies bezeichnet man als **Hell- bzw. Dunkeltrübung**. Natürlich kann die Leuchtkraft der Farben auch durch Beimischen anderer Farben getrübt werden.

© Schöningh Verlag, Best.-Nr. 018120

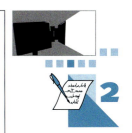

Farbige Gestaltung mit Deckfarben

- **Im Lichtkegel musst du die Farben aufhellen.**

    ⇒ Zumischung von Weiß und/oder einer anderen hellen Farbe

- **Außerhalb des Lichtkegels musst du die Farben abdunkeln.**

    ⇒ Zumischung von Schwarz und/oder einer anderen dunklen Farbe

- **Die Felder des Linienrasters sollen unterschiedliche Farbnuancen haben.**

© Schöningh Verlag, Best.-Nr. 018120

Schülerarbeit: Spotlight

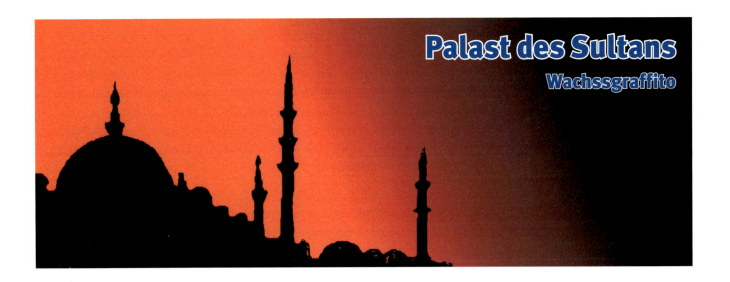

Palast des Sultans
Wachssgraffito

Sachanalyse

Dieses bildnerische Thema soll die Schülerinnen und Schüler in die Welt der „Märchen aus tausend und einer Nacht" entführen. Die Bezeichnung „Palast" steht dabei nicht nur für Pracht und Reichtum, sondern auch für die typischen Formen orientalischer Architektur wie die schlanken Minarette oder mächtigen Kuppelbauten. Der Schwerpunkt der bildnerischen Gestaltung liegt bei diesem Motiv jedoch auf der Binnengestaltung dieser Gebäudeformen durch Ornamente.

Ein **Ornament** (lat. ornamentum = Schmuck) ist eine in sich geschlossene Verzierungsform, die als Schmuck und zur Gliederung von Gegenständen oder auch zur Hervorhebung bestimmter Einzelheiten dient.

Die Geschichte des Ornamentes beginnt im frühen Jungpaläolithikum (30000 v. Chr.) mit der Verzierung von Gegenständen und Werkzeugen. Dreieck, Raute, Zickzack, Spirale und Kreis waren vorherrschende Formen (Abb. 1). In Südeuropa entwickelte sich am Ende des Zeitalters eine Bandkeramik (Abb. 2), die ihre Bezeichnung der bandförmigen Verzierung der Gefäße verdankt. Die Eisenzeit setzte in Vorderasien ein und breitete sich über Südeuropa nach Nordeuropa aus. Es bildete sich eine ornamentale Formensprache mit abstrakt-linearen Motiven heraus, bestehend aus Bändern, Schnüren, Spiralen und Kreisen. Die ägyptische Kunst brachte das vegetabilische Ornament hervor. Vorlagen waren Lotosblume, Lilie und Papyrus. Im Islam, der die bildliche Darstellung des Menschen untersagt, erlangte das Ornament besondere Bedeutung. Geometrische Formen verbanden sich mit stilisierten Pflanzen- (Arabeske) und Schriftformen der islamischen Kufi-Schrift (Abb. 3).

Abb. 1   Abb. 2   Abb. 3

Besondere Kennzeichen des Ornaments sind die parataktische oder rhythmische Reihung der einzelnen Elemente und die ordnende und abgrenzende Funktion. Das Ornament stellt sich fast immer als ein fortlaufendes Ganzes dar. Es tritt auf als Reihe, Band, Linie, Leiste oder Fries.

Als **Sgraffito** oder Kratzputz (von ital. sgraffiare → kratzen) bezeichnet man eine alte Technik der Wanddekoration, bei der aus einer oberen, noch feuchten Putzschicht ein Muster oder eine Darstellung herausgekratzt wird, sodass die untere, meist gefärbte Schicht sichtbar wird. Die Sgraffito-Technik war in Deutschland schon im 13./14. Jahrhundert bekannt. Ihren Höhepunkt erlebte sie jedoch in den aufwändigen Fassadendekorationen der italienischen Renaissance, wo oft mehrere übereinander aufgebrachte Farbschichten (Grau, Braun, Rot, Weiß und Schwarz) Verwendung fanden und durch das Abtragen und Freilegen von Farbschichten mehrfarbige reliefartige Bilder entstanden.

Neben der Wandgestaltung dient die Sgraffito-Technik aber auch zum Verzieren von Keramiken. Das Motiv oder die Inschrift wird vor dem Glasurbrand aus der Farbschicht gekratzt. Besondere Bedeutung erlangten die Sgraffiti von Pompeji. Als Abgrenzung zur Wanddekoration wird die Technik in Verbindung mit der Keramikerzeugung auch oft als Sgraffiato bezeichnet.

In Anlehnung an diese alte Technik entstand das **Wachssgraffito**. Wachsmalfarben enthalten Farbpigmente sowie Wachs. Sie sind deckend und lassen sich, von Hell nach Dunkel vorgehend, in mehreren Schichten übereinander auftragen. Mittels Kratztechnik können diese Schichten stellenweise wieder weggekratzt werden, sodass sich ein mehrfarbiges Motiv ergibt.

Schülerarbeit: Palast des Sultans (Wachssgraffito)

Medien

Anschauungsmittel

- ✓ Folien 1 – 4, S. 96 – 99
- ✓ Tageslichtprojektor
- ✓ Projektionswand

Arbeitsmittel

- ✓ Arbeitsblätter 1 und 2, S. 100/101
- ✓ Zeichenblock DIN A3 oder festeres Papier
- ✓ Papier- und Kartonreste
- ✓ Bleistift
- ✓ Geodreieck/Lineal
- ✓ Wachsmalkreiden
- ✓ verschiedene Kratzwerkzeuge, evtl. auch Reißzirkel
- ✓ schwarze oder dunkelblaue Plakafarbe
- ✓ Pinsel
- ✓ alte Zeitungen zum Abdecken der Tische

Zu beachten

- Wachsmalfarben deckend übereinander auftragen, dabei von Hell nach Dunkel vorgehen

- Es lassen sich maximal vier Schichten Wachsmalfarbe übereinander auftragen.

- Als abschließende und alles abdeckende Schicht kann Plakafarbe auf die Wachsfarbenschichten aufgetragen werden.

- Als Kratzwerkzeuge können neben den handelsüblichen Schabern aus Kunststoff z. B. auch Nägel oder Scheren verwendet werden.

- Fehler lassen sich leicht durch erneuten Farbauftrag korrigieren.

- Es empfiehlt sich, die Tische mit alten Zeitungen abzudecken.

Geplanter Unterrichtsverlauf

	Lehreraktivitäten	Schüleraktivitäten	Sozial-form	Medien	Die Schülerinnen/ Schüler sollen Lernziele
Hinführung	Präsentation von Folie 1, S. 96				• sich zum präsentierten Bild äußern können.
		Die Schülerinnen und Schüler äußern sich zum präsentierten Bild. Es fallen u. a. die Bezeichnungen „Wüstenstadt" und „Palast".			
	Präsentation von Folie 2, S. 97				• am Fassadenschmuck erkennen, dass es sich um ein repräsentatives Gebäude, z. B. einen Palast, handelt.
		Die Schülerinnen und Schüler erkennen am aufwändigen Fassadenschmuck ein herrschaftliches Gebäude, z. B. den Palast eines Sultans.			
Erarbeitung	Präsentation von Folie 3, S. 98 (Ausschnitte der Abb. von Folie 2)				• erkennen, dass die Fassadendekoration aus Ornamenten besteht. • die Merkmale eines Ornamentes kennen lernen.
		Die Schülerinnen und Schüler erkennen in den Darstellungen Ornamente und beschreiben deren Merkmale.			
	Ausgabe von Arbeitsblatt 1, S. 100				
	• Lesen des Info-Textes • Besprechung der Aufgabenstellung				
		Die Schülerinnen und Schüler bearbeiten Arbeitsblatt 1, S. 100.			• Ornamente grafisch weiterführen können.
	Vorstellung einzelner Arbeitsergebnisse				
	Präsentation von Folie 4, S. 99				
	• Lesen der Sprech- und Denkblaseninhalte • Besprechung der Aufgabenstellungen				
		Die Schülerinnen und Schüler bereiten ihre Arbeitsplätze vor und suchen über fachpraktische Versuche Antworten auf die Fragen von Folie 4, S. 99.			• die Technik des Wachssgraffitos erproben und gestalterisch gezielt einsetzen können.
	Besprechung der Erkenntnisse der fachpraktischen Versuche: Antworten auf die auf Folie 4, S. 99, gestellten Fragen.				
	• Ausgabe von Arbeitsblatt 2, S. 101 • Besprechung der Aufgabenstellung				• ein Ornament als Wachssgraffito gestalten und präsentieren können.
		Die Schülerinnen und Schüler bearbeiten die fachpraktische Aufgabe von Arbeitsblatt 2 und präsentieren anschließend einzelne Ergebnisse.			
Anwendung	Tafelanschrieb: *Thema: „Palast des Sultans"* *Technik: Wachssgraffito* *Schwerpunkte: unterschiedliche Gebäudeformen, Ornamente*				• die bildnerische Aufgabe bearbeiten können.
		Die Schülerinnen und Schüler bearbeiten die bildnerische Aufgabe.			

94

Das Bild (Folie 1, S. 96) einer Wüstenlandschaft mit der Fata Morgana am Horizont erscheinender Gebäude dient als Einführung in diese Unterrichtseinheit. Die Schülerinnen und Schüler deuten die Gebäude als Stadt, vielleicht auch als Palastanlage eines orientalischen Herrschers. Mit Folie 2 (S. 97) wird die Totale verlassen und der Betrachter näher an den Gebäudekomplex herangeführt. Die Schülerinnen und Schüler erkennen einen mit prächtigen Ornamenten geschmückten Kuppelbau. Folie 3 a) (S. 98) zeigt Ausschnitte aus Folie 2 und lenkt den Blick auf den ornamentalen Fassadenschmuck. Die Schülerinnen und Schüler beschreiben die Ornamente und nennen typische Merkmale eine Ornamentes, wie z.B. die Symmetrie oder die Wiederholung eines gleich bleibenden Motivs. Arbeitsblatt 1 (S. 100) enthält einen kurzen Informationstext zum Ornament und zwei Ornamente, die von den Schülerinnen und Schülern grafisch weiterzuführen sind. Anliegen dieser Übung ist, die Ornamenten zugrunde liegende Struktur zu verdeutlichen.

Folie 3 b) kann ergänzend präsentiert werden, wenn im Unterrichtsgespräch die Sprache auf Formen orientalischer Architektur kommt.

Folie 4 (S. 99) greift Fragen zur Technik des Wachssgraffitos auf. Die Schülerinnen und Schüler sind aufgefordert, durch praktisches Erproben der Technik Antworten auf diese Fragen zu finden und sie im sich an die praktische Arbeitsphase anschließenden Unterrichtsgespräch zu verbalisieren. Für diese Übung können Reste etwas stärkeren Papiers oder auch Karton verwendet werden. Sie halten auch dem Einsatz von weniger geeigneten Kratz- und Schabewerkzeugen stand. Das Folienbild bleibt während des praktischen Arbeitens und des darauf folgenden Unterrichtsgesprächs stehen.

Arbeitsblatt 2 (S. 101) enthält Informationen zur Technik des Sgraffitos. Sie werden am besten im Klassenverband gelesen und besprochen. Die sich anschließende Übung zur Gestaltung eines Ornamentes als Wachssgraffito kann ebenfalls auf festerem Papier erfolgen. Neben den sich als brauchbar erwiesenen Kratzwerkzeugen leistet auch ein Reißzirkel gute Dienste.

Ein Tafelanschrieb, der Thema, Technik und Gestaltungsschwerpunkte der bildnerischen Aufgabe nennt, leitet die Phase der Anwendung ein. Zunächst sind mit Bleistift die Gebäudeformen zu skizzieren. Hieran schließt sich das Einzeichnen von Fenstern, Portalen, Pilastern oder Friesen an. Abschließende Vorarbeit ist das grobe Anlegen des ornamentalen Fassadenschmucks. Nun kann ein gezielter Auftrag mit Wachsfarben erfolgen. Je nach Gliederungselement werden andere Farben schichtweise übereinander gelegt. Drei bis vier Schichten Wachsmalfarbe lassen sich bei einem Vorgehen von Hell nach Dunkel deckend übereinander auftragen. Der deckende Auftrag ist wichtig, da ansonsten kein exaktes Freilegen einzelner Schichten möglich ist. Als abschließende Schicht wird Plakafarbe aufgetragen. Dadurch wird eine zusätzliche Farbe möglich. Am besten trägt man die Plakafarbe immer nur partiell auf; so sind die architektonischen Gliederungselemente und Ornamente gut erkennbar und als Wachssgraffito umsetzbar. Um sich Putzarbeit zu ersparen, sollten vor der Verwendung der Wachsmalfarben die Tische mit Zeitungspapier abgedeckt werden.

a)

b)

Finde die richtigen Antworten!

Ein **Ornament** (von lat. ornare → schmücken) ist eine Verzierung, die auf ganz verschiedenen Ornamentträgern, wie Bauwerken, Buchseiten, Textilien oder Gefäßen, zu finden ist. Neben seiner Aufgabe zu schmücken und hervorzuheben dient das Ornament auch zur Gliederung und Belebung der geschmückten Flächen.

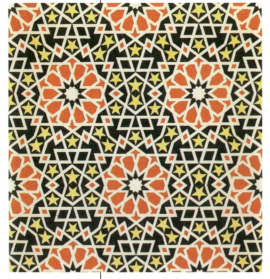

Typisches Kennzeichen des Ornamentes ist die **Wiederholung eines gleich bleibenden Motivs**. Dieses kann auf geometrischen Formen beruhen oder Formen der Natur aufgreifen und vereinfacht darstellen. So verzierten bereits die Menschen der Steinzeit ihre Keramikgefäße mit einfachen geometrischen Motiven wie Zickzackbändern, Spiralen, Wellenlinien oder auch stilisierten Tieren. Eine besondere Bedeutung erlangte das Ornament in der islamischen Kunst. Da der Islam die bildliche Darstellung des Menschen untersagt, entstanden neben geometrischen Ornamenten auch kunstvolle Pflanzenornamente wie die **Arabeske**, eine stilisierte, symmetrische Ranke (Abb. 2).

Abb. 1: Flächenornament: Wandmosaik der Al Azhar-Moschee in Kairo (972 n. Chr.)

Abb. 2: Arabeske auf einer Bronze-Vase aus Syrien, 38 cm groß (Musée de l'Homme, Paris)

AUFGABE: Vervollständige die beiden Ornamente. Zeichne dazu zunächst mithilfe eines Geo-Dreiecks die Hilfslinien ein. Achte auf die Abstände!

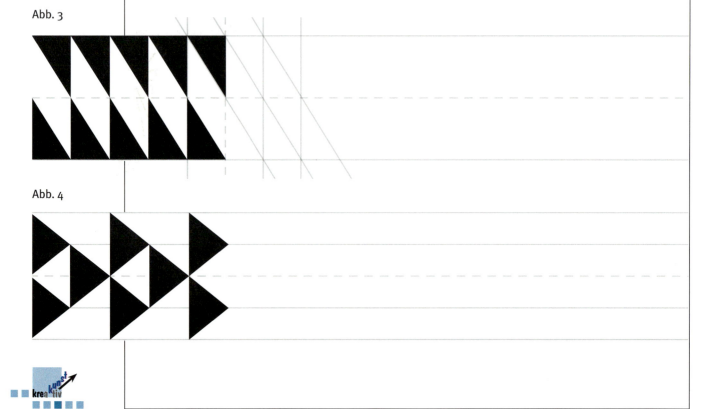

Abb. 3

Abb. 4

Das **Wachssgraffito** ist eine an die alte Sgraffito-Technik angelehnte Schultechnik.

Das Sgraffito (von ital. sgraffiare → kratzen), auch Kratzputz genannt, taucht als Technik zur Wanddekoration bereits im 13./14. Jahrhundert in Deutschland auf. In der italienischen Renaissance erfuhr das Verfahren seinen Höhepunkt. So wie beim Sgraffito verschiedenfarbige Putzschichten auf die Wand aufgetragen werden und das Motiv aus einer oberen, noch feuchten Schicht herauskratzt wird, entsteht beim Wachssgraffito aus mehreren übereinander liegenden Schichten von Wachsmalfarbe das Motiv durch gezieltes Abkratzen, Abschaben und Freilegen von Farbschichten.

■ ■ **AUFGABE:** Gestalte ein Ornament als Wachssgraffito.

- **Beginne mit der hellsten Farbe.**
- **Trage nach und nach dunklere Farben auf.**
- **Drei bis vier Lagen Wachsmalfarbe lassen sich deckend übereinander auftragen.**
- **Als dunkelste Farbe kannst du anstelle von Wachsmalfarbe auch Plakafarbe verwenden.**
- **Die Hilfslinien sollen dir bei der Gestaltung deines Ornamentes helfen.**

Als Werkzeuge kannst du alles verwenden, womit sich die Farbe abkratzen lässt, ohne dass das Papier beschädigt wird.

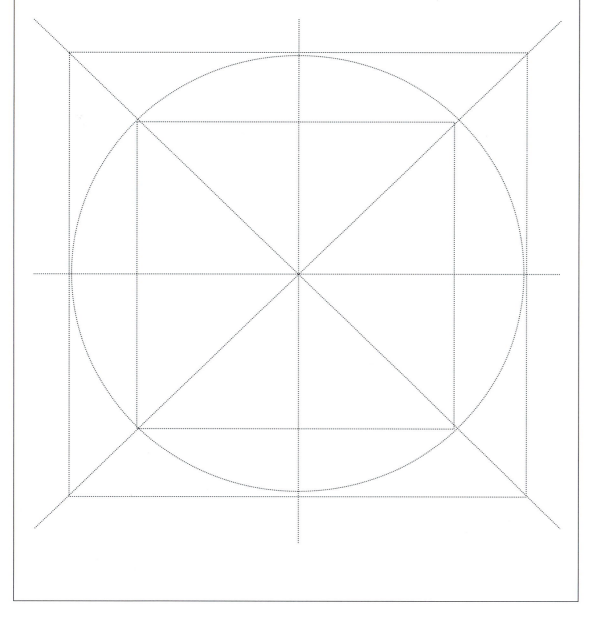

© Schöningh Verlag, Best.-Nr. 018120

Mein Lieblingstier
Wachsmalfarben-Wischtechnik

Sachanalyse

Franz Marcs Motive entstammen fast ausschließlich der Tierwelt. Insbesondere Pferde haben es ihm angetan. Er beobachtet die Tiere, studiert, zeichnet und malt sie. 1910 lernt er August Macke kennen, mit dem ihn bald eine enge Freundschaft mit intensivem Gedankenaustausch verbindet. Macke macht Marc auf Matisse und Cézanne aufmerksam. Eine ausgiebige Auseinandersetzung mit der Malerei des Letzteren folgt. 1911 begegnet Marc Kandinsky und zeigt sich tief beeindruckt von den Kompositionen des Russen. Er beginnt sich vom Naturbild zu lösen; eine intensive Beschäftigung mit Farbproblemen folgt. Er möchte aus der „Beliebigkeit der Farbe", wie er es ausdrückt, herauskommen und anstatt einer naturnahen Farbigkeit und Formgebung zu starken Farben und Formen gelangen. Im April 1911 schreibt Marc seinem Freund A. Macke hierzu in einem Brief:

Franz Marc, Stute mit Fohlen, 1912. Privatbesitz, Schweiz

„Es muss mir gelingen, beim Arbeiten den umgekehrten Prozess durchzusetzen als bisher, wo ich von ganz komplizierten Form- und Farbvorstellungen bei jeder Arbeit ausging und diese bei jedem Bilde langsam, mit unsäglicher Anstrengung erst reinigte, vereinfachte und ordnete. Ich will wie ein Kind anfangen, vor der Natur mit drei Farben und ein paar Linien meinen Eindruck zu geben, und dann hinzutun an Formen und Farben, wo es der Ausdruck fordert, dass also der Arbeitsprozess nur ein Hinzutun, niemals ein Wegnehmen ist. Nur wir Maler wissen, wie blödsinnig schwer das ist."

Marcs Kompositionen werden zunehmend abstrakt. Seine Tiere nehmen andere Farben an, die Pferde werden blau oder rot. Geometrische Körper, vornehmlich Kreis- und Dreiecksformen, bestimmen das Kompositionsgefüge. Die Tierkörper reduzieren sich auf an- oder scheinbar übereinander gefügte Dreiecke und kreisartige Gebilde. Marcs Anliegen ist es, die Gefühle der Tiere in Farbe und Form zum Ausdruck zu bringen. Er befasst sich eingehend mit wissenschaftlichen Farbtheorien, gelangt jedoch zu einer eigenen Theorie, zu der er sich 12.12.1910 in einem Brief an seinen Malerfreund Macke wie folgt äußert:

„Blau ist das männliche Prinzip, herb und geistig. Gelb das weibliche Prinzip, sanft, heiter und sinnlich. Rot die Materie, brutal und stets die Farbe, die von den anderen beiden bekämpft und überwunden werden muss."

Angeregt von Arnold Schönbergs Musik und der Erkenntnis, dass die Begriffe Konsonanz und Dissonanz überhaupt nicht existieren, gelangt er zu der Auffassung, dass auch Komplementärfarben im Bilde weit auseinander liegen können und es nur auf deren Werteverhältnis und Ausgewogenheit im Bilde ankomme, um zu einem harmonischen Bildganzen zu gelangen.

Franz Marc möchte in seinen prismatischen Raum- und Flächengefügen den Einklang von Wesen und Natur zum Ausdruck bringen. Daher wiederholt er auch in der die Tiere umgebenden Landschaft die den Tierkörpern zugrunde liegenden geometrischen Formen und zeigt damit die Tiere als Bestandteil der Natur. Bildgegenstände mit biologisch gegensätzlichen Qualitäten erfahren eine formale Gleichbehandlung: Tier und Pflanze, aber auch Fels und Himmel reduzieren sich auf dieselben geometrischen Körper und entstehen aus denselben Linien und Farben.

Schülerarbeit: Mein Lieblingstier

Medien

Anschauungsmittel

- Folien 1 – 3, S. 107/108
- Tageslichtprojektor
- Projektionsfläche
- Folienstifte
- Tafel/Kreide
- Arbeitsblatt 1, S. 109

Arbeitsmittel

- Arbeitsblatt 1, S. 109
- Bleistift
- Wachsmalfarben
- Zeichenblock DIN A3

Zu beachten

- Das Format für die fachpraktische Arbeit sollte nicht zu groß gewählt werden (max. DIN A4).

- Das gestaltete Tier/die gestalteten Tiere formatfüllend zeichnen

- Die Farbfelder nicht zu kleinteilig anlegen

- Farbverläufe auf zwischen im Farbkreis benachbarte Farben und Kombinationen mit Weiß oder Schwarz beschränken

- Keine Farbverläufe mit Komplementärfarben bilden

- Wachsmalfarbe vom Rand der Felder zum Feldinneren streichen und auf einen gleichmäßigen Farbauftrag unter Beibehaltung der Richtung des Farbverlaufes achten

Geplanter Unterrichtsverlauf

	Lehreraktivitäten / Alternative / Schüleraktivitäten	Sozial-form	Medien	Die Schülerinnen/ Schüler sollen (Lernziele)
Hinführung	Präsentation von Folie 1, S. 107			• sich zum präsentierten Bild äußern und erkennen können, dass es sich dabei um Farbfelder mit Farbverläufen handelt.
Erarbeitung	Die Schülerinnen und Schüler äußern sich zur präsentierten Abbildung. Sie sprechen die Farbfelder und Farbübergänge an.			
	• Präsentation von Folie 2, S. 107 • Hinweis auf den Maler (TA)			• erkennen, dass es sich um Tierdarstellungen handelt, die sich in der Farbgebung nicht an der Realität orientieren.
	Die Schülerinnen und Schüler erkennen, dass • es sich um eine Tierdarstellung handelt. • die Farbgebung sich nicht an der sichtbaren Realität orientiert.			
	• Ausgabe von Arbeitsblatt 1, S. 109 • Präsentation von Folie 2, S. 107			• Informationen über Franz Marc erhalten.
	• Lesen der Informationen über Franz Marc • Besprechung der Aufgabenstellung der Aufgaben 2 und 3			
	Die Schülerinnen und Schüler bearbeiten die Aufgaben von Arbeitsblatt 1, S. 109.			• erkennen, dass Franz Marc für seine Farbverläufe nur benachbarte Farben des Farbkreises verwendet.
	Vorstellung und Besprechung der Arbeitsergebnisse von Arbeitsblatt 1, S. 109			• die Wachsmalfarben-Wischtechnik kennen und in Anlehnung an Franz Marcs Farbgebung anwenden lernen.
	Präsentation von Folie 2, S. 107			• in einem Bild von Franz Marc die Farbfelder mit Umrisslinien markieren und erkennen, dass er für seine Komposition und Zeichnung hauptsächlich Dreiecks- und Halbkreisformen verwendet.
	• Die Schülerinnen und Schüler zeichnen mit einem Folienstift die Umrisse der Farbfelder nach. • Sie erkennen, dass sich Marcs Tiere hauptsächlich aus dreieckigen und halbkreisförmigen Feldern zusammensetzen.			
	• Präsentation von Folie 3, S. 108 • Verdeutlichung der geometrischen Grundformen			
	Tafelanschrieb: *Mein Lieblingstier, gesehen mit den Augen von Franz Marc* *Technik: Wachsmalfarben-Wischtechnik* *Arbeitsschritte:*			• die Arbeitsschritte und ihre Reihenfolge zur Gestaltung des bildnerischen Themas nennen können.
	Die Schülerinnen und Schüler nennen die Reihenfolge der notwendigen Arbeitsschritte und notieren sie an der Tafel.			
Anwendung	Die Schülerinnen und Schüler bearbeiten die fachpraktische Aufgabe gemäß den Arbeitsschritten.			• die fachpraktische Arbeit gemäß den festgelegten Arbeitsschritten ausführen können.

105

didaktischer Kommentar

Die Präsentation eines Ausschnittes aus Franz Marcs Bild *Die ersten Tiere* (Folie 1, S. 107) bildet den Ausgangspunkt für diese Unterrichtseinheit. Die Schülerinnen und Schüler beschreiben den gegenstandslos erscheinenden Bildausschnitt. Sie gehen im Unterrichtsgespräch auf die Gliederung in verschiedene Farbfelder und die Farbverläufe in diesen ein.

Folie 2, S. 107, zeigt das ganze Bild, wobei durch sukzessives Aufdecken oder Markieren der oben genannte Bildausschnitt nochmals Beachtung erfahren kann. Die Schülerinnen und Schüler erkennen, dass es sich um eine Tierdarstellung handelt, bei der auf eine realistische Farbgebung verzichtet wurde. Sie erfahren, dass Franz Marc dieses Bild gemalt hat, und erhalten mit Arbeitsblatt 1, S. 109, weitere Informationen zu diesem Maler. Während des Lesens und Besprechens des Informationstextes über Franz Marc bleibt das Folienbild von Folie 2, S. 107, stehen, sodass die Schülerinnen und Schüler das Gelesene am Bild überprüfen können. In Aufgabe 2 des Arbeitsblattes werden sie aufgefordert, sich intensiver mit der Farbwahl und Farbgebung zu befassen. Im Vergleich zur Anordnung der Farben im Farbkreis wird die Kombination der Farben bei den Farbverläufen der einzelnen Farbfelder erarbeitet und als Regel festgehalten. Hinweise zur Wachsmalfarben-Wischtechnik, eine Übung hierzu und die sich daran anschließende Vorstellung der Ergebnisse runden diese Arbeitsphase ab.

Vor der Phase der Anwendung gilt es noch, den Schülerinnen und Schülern Möglichkeiten aufzuzeigen, ein späteres Motiv in einzelne Felder zu untergliedern. Hierzu dient nochmals Folie 2, S. 107. Mit einem Folienstift zeichnen einzelne Schülerinnen und Schüler die Umrisse der Farbfelder ein. Die Schülerinnen und Schüler erkennen, dass sich das Motiv aus geometrischen Formen, vornehmlich Dreiecken und Halbkreisen, aufbaut. Anhand von Folie 3, S. 108, kann dieses Unterrichtsziel nochmals eine Vertiefung erfahren.

Nach dem Tafelanschrieb von Thema und Technik und dem Festlegen und Festhalten der Arbeitsschritte beginnt die fachpraktische Arbeit.

Als Bildträger dient Zeichenblockpapier. Der DIN A3-Bogen kann hierzu halbiert werden. Während die eine Hälfte das Bild aufnimmt, lässt sich die andere Hälfte zum Auf- und Übertragen der Wachsmalkreide auf die Felder der Zeichnung verwenden.

Da das Abstreichen der Wachsmalfarbe mit den Fingerkuppen Blasen verursachen kann, ist zu heftiges und andauerndes Reiben zu vermeiden.

Inzwischen bietet der Fachhandel auch sehr weiche Wachsmalkreiden an, die sich direkt auf die Felder auftragen und verwischen lassen. Eine Alternative zu Wachsmalkreiden bieten Pastellkreiden.

Damit das Bild nicht zu unruhig wird, ist auf einen möglichst gleichmäßigen Farbauftrag und Verläufe in dieselbe Richtung zu achten.

Franz Marc, Die ersten Tiere, 1913

Abb. 1: Franz Marc,
Das friedsame Pferd,
1915

Abb. 2: Franz Marc,
Füchse, 1913

© Schöningh Verlag, Best.-Nr. 018120

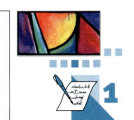

1. **Franz Marc** (1880 – 1916) wurde vor allem als Tiermaler berühmt. Er beobachtete genau und zeichnete die Tiere in seinem eigenen kleinen Zoo, im Zoologischen Garten oder in freier Wildbahn. Nach und nach entfernte er sich vom Naturbild und entwickelte einen ganz eigenen Malstil, der die Tiere im Einklang mit der Natur und in Farben darstellte, die ihre Gefühle beschreiben sollten und nicht ihr tatsächliches Aussehen. Auch die Form der Tiere veränderte sich in seinen Darstellungen. Er setzte die Tierkörper aus geometrischen Flächen zusammen, die übereinander gelegt und durchsichtig scheinen.

2. Franz Marc gestaltet die Körper seiner Tiere aus geometrischen Formen. Die hierdurch entstehenden Felder weisen meist Übergänge von einer Farbe in eine andere, also so genannte Farbverläufe, auf.

    - Untersuche unter Hinzuziehung des sechsteiligen Farbkreises, welche Farben Franz Marc ineinander übergehen lässt.
    - Formuliere eine allgemein gültige Regel.

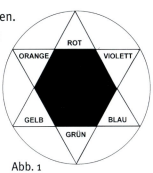

Abb. 1

REGEL

3. **Fachpraktische Übung**

    - Gestalte diese Felder in Anlehnung an Franz Marc mit Farbverläufen.
    - Benutze dazu Wachsmalfarben.
      Trage entlang der Kante eines Stückes Papier dick Wachsmalkreide auf. Streiche nun mit der Fingerkuppe oder einem zusammengefalteten Papierstreifen diese Wachsmalfarbe auf das zu gestaltende Feld, indem du vom Rand des Feldes zum Feldinneren arbeitest. Auf diese Art und Weise kannst du weiche Farbverläufe herstellen.

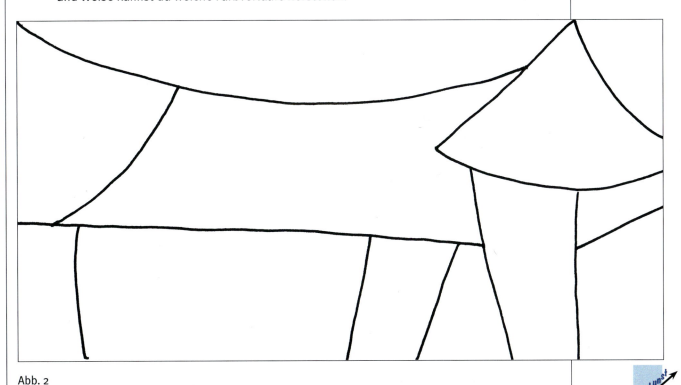

Abb. 2

© Schöningh Verlag, Best.-Nr. 018120

OBJEKTKASTEN

Klecksografie

Sachanalyse

Eine besondere Spielart der Objektkunst ist der Objektkasten. Gesammelte Gegenstände, Objekte, werden in Kästen präsentiert. Das Sammeln und auch das Aufbewahren, Ordnen und Arrangieren der Objekte ist nicht erst eine Erscheinung unserer Tage, der Objektkasten hat viele historische Vorgänger. Neben Naturobjekten, die gesammelt und denen besondere Bedeutung beigemessen wurde, gibt es seit dem Mittelalter Reliquien (Abb. 1), Überreste Heiliger, die in besonderen Schreinen aufbewahrt wurden. Zu erwähnen ist auch der Sammlerschrank der Renaissance. Als weitere Vorläufer zu nennen sind die Andenkenkästen des 19. Jahrhunderts (Abb. 2), die z. B. in Form von Haarbildern oder Brautkränzen an liebe Menschen oder bedeutende Ereignisse erinnerten und im umschließenden und schützenden Kasten das Andenken wahren halfen. Dem Kasten kommt jedoch nicht nur eine rahmende Funktion zu, er grenzt den umschließenden Raum auch gleichzeitig von der Umgebung ab und schafft damit ein kleines Universum, in dem selbst alltägliche Materialien durch ihre Zusammenstellung, Anordnung und Gestaltung einen anderen Zusammenhang mit neuer Aussage erhalten.

Abb. 1: Hl. Afra, Reliquienbild

Abb. 2: Haarerinnerungsbild

Insektenkästen sind eine besondere Art des Objektkastens. Bei vorliegendem Unterrichtsbeispiel dienen solche mit einfachen Mitteln selbst zu fertigende Objektkästen zur Aufnahme und Präsentation von einzigartigen Exemplaren von Schmetterlingen. Mithilfe der sog. **Klecksografie** (siehe S. 119) entsteht die achssymmetrisch angelegte Farbgestaltung der Schmetterlingsformen. Bunt- und/oder Filzstifte dienen zu deren weiterer farblicher Ausgestaltung.

Den Rumpf des Schmetterlings bildet ein auf den Falz aufgeklebtes und mit Deckfarben bemaltes Streichholz. Mit Stecknadeln im Objektkasten befestigt, wird der Schmetterling zusammen mit einer kurzen Beschreibung präsentiert.

Schülerarbeiten: Objektkasten

Medien

Anschauungsmittel

- ✔ Folien 1 – 3, S. 115/116
- ✔ Tageslichtprojektor
- ✔ Projektionsfläche
- ✔ Arbeitsblätter 1–3, S. 117–119

Arbeitsmittel

- ✔ Arbeitsblätter 1–3, S. 117–119
- ✔ Bleistift
- ✔ Zeichenblock DIN A3
- ✔ Deckfarben und Zubehör
- ✔ Bunt- und/oder Filzstifte
- ✔ Schere
- ✔ Klebstoff
- ✔ Streichholz
- ✔ (Perlonfaden)
- ✔ Kartondeckel (Schuhkarton)
- ✔ Stecknadeln
- ✔ Schreibzeug

Zu beachten

- Größe des Schmetterlings auf die Maße des Objektkastens abstimmen
- Den Objektkasten in einer unbunten Farbe bemalen, damit er nicht in Wettstreit mit dem bunten Schmetterling tritt
- Vor Anwendung der Klecksografie Versuche auf Makulatur durchführen
- Den Schmetterling erst nach der Klecksografie ausschneiden. Die ausgeschnittene Form erschwert aufgrund ihrer Instabilität das Abklatschen der Farbe.
- Bei der Klecksografie die Farbkonsistenz so wählen, dass beim Abklatsch die Form der aufgetragenen Farbfläche erhalten bleibt
- Sukzessives Vorgehen bei der Klecksografie
- Falz an der Stelle, wo Vorder- und Hinterflügel zusammentreffen, nicht durchtrennen

Geplanter Unterrichtsverlauf

	Lehreraktivitäten	Schüleraktivitäten	Sozial-form	Medien	Die Schülerinnen/ Schüler sollen
Hinführung	• Präsentation von Folie 1, S. 115 • Frage nach Gemeinsamkeiten				• die Gemeinsamkeiten der beiden Abbildungen benennen können.
Erarbeitung		Die Schülerinnen und Schüler erkennen im Gegenstände aufnehmenden Kasten eine Gemeinsamkeit.			
	• Einführung des Begriffes „Objektkasten" • Ausgabe von Arbeitsblatt 1, S. 117				• die Bezeichnung „Objektkasten" kennen lernen.
	• Lesen des Informationstextes von Arbeitsblatt 1, S. 117, im Klassenverband/ Klärung von Fragen				• Informationen zum Objektkasten erhalten.
	• Präsentation von Folie 2, S. 116				
		Die Schülerinnen und Schüler erkennen, dass Insektenkästen eine besondere Art von Objektkästen sind.			• erkennen, dass Insektenkästen eine besondere Art von Objektkästen sind.
	Ausgabe von Arbeitsblatt 2, S. 118				• anhand des Textes von Marie Luise Kaschnitz wesentliche Merkmale des Schmetterlings erarbeiten können.
	• Lesen des Textes im Klassenverband • Besprechung der Aufgabenstellung				
		Die Schülerinnen und Schüler bearbeiten Arbeitsblatt 2, S. 118.			
		Die Schülerinnen und Schüler lesen ihre Arbeitsergebnisse vor.			• ihre Arbeitsergebnisse präsentieren können.
	Präsentation von Folie 3, S. 116				• erkennen können, dass Schmetterlinge verschiedene Formen und Muster haben.
		Die Schülerinnen und Schüler äußern sich zu den verschiedenen Formen und Mustern der Schmetterlinge.			
	Ausgabe von Arbeitsblatt 3, S. 119				• sich zu den Arbeitsschritten zur Herstellung eines Schmetterlingskastens äußern können.
	Lesen und Besprechen der Arbeitsschritte im Klassenverband				
Anwendung		Die Schülerinnen und Schüler bearbeiten die bildnerische Aufgabe gemäß den Arbeitsschritten.			• die bildnerische Arbeit gemäß den Arbeitsschritten anfertigen können.

Der Einstieg in die Unterrichtsstunde erfolgt mit der Präsentation der Folienbilder eines von einem Künstler gestalteten Objektkastens und eines Setzkastens. Die Schülerinnen und Schüler erkennen Gemeinsamkeiten und benennen diese. Sie lernen die Bezeichnung „Objektkasten" kennen und erhalten mit Arbeitsblatt 1, S. 117, weitere Informationen zu dieser speziellen Form der Objektkunst.

Folie 2, S. 116, zeigt einen Schmetterlingskasten und damit eine Art des Objektkastens, bei der neben dem Präsentieren das Archivieren und Systematisieren im Vordergrund stehen. Der mit Arbeitsblatt 2, S. 118, präsentierte Text „Schmetterling auf meiner Hand" von Marie Luise Kaschnitz lenkt den Fokus nun weg vom Objektkasten auf das Motiv „Schmetterling". Ausgehend vom Text werden Merkmale und Besonderheiten des Schmetterlings erarbeitet. Die im Anschluss präsentierte Folie 3, S. 116, zeigt verschiedene Formen von Schmetterlingen. Arbeitsblatt 3, S. 119, greift fachpraktische Aspekte auf. Neben der Auflistung der benötigten Materialien und Werkzeuge werden die Arbeitsschritte zur Herstellung des Schmetterlings und des diesen aufnehmenden Objektkastens genannt.

Die Flügel des Schmetterlings werden aus einem in einem zarten Farbton grundierten DIN A5-Bogen gefertigt. Mittig gefaltet, werden entlang des Falzes je ein Vorder- und Hinterflügel aufgezeichnet, wobei der Spalt zwischen den beiden Flügeln knapp vor dem Falz enden sollte, sodass beim Ausschneiden der Schmetterlingsform Vorder- und Hinterflügel als ein zusammenhängendes Teil erhalten bleiben. Zu beachten ist ferner, dass die Schmetterlingsform am Falz nicht mehr als drei Zentimeter beträgt, sodass das später als Rumpf aufgeklebte Streichholz etwas Überstand hat. Nach dem Ausschneiden liegt ein achssymmetrisches Gebilde vor. Ausgeschnitten wird die Schmetterlingsform jedoch erst nach der Farbgestaltung. Diese erfolgt als **Klecksografie**. Auf einer Hälfte der Schmetterlingsform wird mit Bleistift grob das Muster skizziert. Durch sukzessives Auftragen der Farbe auf diese eine Hälfte und sofortiges Zusammenklappen und damit Übertragen auf die andere Hälfte entsteht eine symmetrische Farbgestaltung, die anschließend mit Bunt- und Filzstiften überarbeitet werden kann. Ein mit Deckfarbe bemaltes Streichholz bildet den Rumpf des Schmetterlings und wird auf den nun nach dem Ausschneiden nur noch drei Zentimeter langen Falz geklebt. Zusammen mit dem Streichholz können zwei kurze Perlonfäden, deren Enden mit Knoten versehen werden, als Fühler an der Schmetterlingsform aufgeklebt werden.

Der Objektkasten entsteht aus einem Kartondeckel, der am besten weiß, grau oder schwarz mit Deckfarbe bemalt wird. Mit Stecknadeln wird der Schmetterling darauf befestigt. Die freie Fläche dient zur Aufnahme einer Kurzbeschreibung des Schmetterlings: seiner genauen Bezeichnung, der besonderen Art und Lebensweise oder seines Vorkommens.

Abb. 1: Heinz E. Hirscher, Allerlei Geräte zum Nachtvogelfangen, Objektkasten, 1974

Abb. 2: Setzkasten

Schmetterlinge, 1940;
Foto: Man Ray

© Schöningh Verlag, Best.-Nr. 018120

Objektkästen dienen zum Sammeln, Anordnen, Aufbewahren und Ausstellen von Gegenständen. Da das Sammeln bestimmter Gegenstände eine menschliche Eigenschaft ist, hat der Objektkasten viele Vorläufer.

Neben Naturobjekten, z. B. Kieselsteinen mit auffälliger Zeichnung, Federn oder Muscheln, wie sie auch heute noch gerne gesammelt werden, gibt es seit dem Mittelalter Reliquien, Überreste Heiliger, die in besonderen Schreinen aufbewahrt wurden. Kleine Reliquienbilder (Abb. 3) wurden an Wallfahrer verkauft. Als weitere Vorläufer zu nennen sind die Andenkenkästen des 19. Jahrhunderts, die z. B. in Form von Haarbildern (Abb. 2) oder Brautkränzen an liebe Menschen oder bedeutende Ereignisse erinnerten.

Aber auch Insektenkästen und ähnliche Sammlungskästen zählen zu den Objektkästen (Abb. 4).

Abb. 1: H. E. Hirscher, Allerlei Geräte zum Nachtvogelfangen, Objektkasten, 1974

Abb. 2: Haarerinnerungsbild des 19. Jahrhunderts

Abb. 3: Hl. Afra, Reliquienbild

Abb. 4: Schmetterlingskasten

© Schöningh Verlag, Best.-Nr. 018120

Marie Luise Kaschnitz: Schmetterling auf meiner Hand

Ein Schmetterling ließ sich auf meiner Hand nieder, während ich, in der offenen Fenstertüre sitzend, schrieb. Die Strahlen der Sonne waren heiß, der Untergrund der Luft eisig, der Falter flatterte ein Stückchen fort, suchte dann wieder die Hautwärme und blieb. Ich hatte alle Muße, ihn zu betrachten, die schwarzweiß geringelten, steil aufgereckten Fühler, die Flügel, die, nervös auf- und zugeklappt, bald ihren kühnen Umriss, bald ihre leuchtenden Farben zeigten. Ein Flammenkreis setzte auf dem vorderen Flügelpaar an und rundete sich auf dem hinteren, die übrig bleibenden Ecken waren tiefschwarz, von unregelmäßigen, weißen Flecken durchsetzt. Zwei kleine, lichtblaue Bögen scheinen der Malerei im letzten Augenblick aus heiterer Laune noch hinzugefügt. Nach und nach sah ich mehr, zum Beispiel, dass die vorderen Flügel, die durch ihren kühnen Schwung vor allem ins Auge fielen, eigentlich schmaler und gebrechlicher waren als die rückwärtigen und dass diese, mit einem trüben Gewirr von Graubraun und Grauweiß auf der Hinterseite, dem zusammengefalteten Schmetterling seine Schutzfärbung gaben. Ich sah, dass neben den stolzen Schmuckfühlern mit ihren Fahnenstangenknöpfchen ein anderes Tastorgan vorhanden war, ein dünnes, gebogenes Haar, das, feucht und schlaff, seine Spitze auf meinem Handrücken tanzen ließ. Ich entdeckte die Augen, blonde Pelzrosetten, mit einem schwarzen Pünktchen in der Mitte, und den Pelzflaum, der sich wie ein in der Mitte geteilter Bart rechts und links von der Mundöffnung herabzog. Der Eindruck des Flaumigen, Pelzigen war überraschend bei dem zarten Sommergeschöpf, aber er verstärkte sich noch, als der Falter, nun wieder ängstlich, die Flügel lange Zeit aufgeklappt ruhen ließ. Da zeigte sich ein anderer üppiger Pelzflaum, schimmernd grünblau und nach dem Rücken zu verdichtet zu langen, weichen Haaren, die ebenfalls grünblau waren, aber wie von Goldpuder bestäubt. Trotz dieser seltsamen Bekleidung hatte mein Gast eigentlich nichts Tierisches – welcher Begriff sich doch für uns meist mit dem Säugetierischen, mit Körperwärme und Ausdünstung, mit spürbarem Atem und hörbarer Stimme verbindet. Seine Erscheinung war rätselhaft, wie alles, was man von den anscheinend so richtungslos flatternden und in Wahrheit ausdauernd und zielsicher über Erdteile und Meere reisenden Schmetterlingen weiß.

■ ■ **AUFGABE:** Was erfahren wir über das Aussehen des Schmetterlings? Unterstreiche die entsprechenden Textstellen mit unterschiedlichen Farben.

1. Aus welchen Teilen besteht er?
2. Welche Farben trägt er?
3. Wie wird sein Kopf beschrieben?

© Schöningh Verlag, Best.-Nr. 018120

Arbeitsschritte zur Herstellung eines Schmetterlingskastens

I. Du benötigst:

- Deckel eines Kartons (z. B. Schuhkarton)
- Schere
- Deckfarben und Zubehör
- Klebstoff
- Zeichenpapier DIN A5
- Bunt-/Filzstifte
- Stecknadeln
- Streichholz

II. Du hast einen bislang unentdeckten Schmetterling entdeckt.

1. Suche dir eine interessante Bezeichnung für deinen Schmetterling.
2. Falte ein DIN A5-Blatt.
3. Zeichne am Falz ansetzend auf einer Hälfte einen Vorder- und Hinterflügel ein. Beachte, dass diese zusammen am Falz nur 3 cm lang sein dürfen.
4. Skizziere das Muster der Flügel mit Bleistift.
5. Färbe das ganze Blatt mit einem zarten Farbton ein (Deckfarbe mit viel Wasser).
6. Trage die erste Farbe (dickflüssige Deckfarbe) auf das aufgezeichnete Muster auf.
7. Klappe die beiden Hälften des Blattes zusammen, sodass sich die Farbe auf die andere Hälfte überträgt.
8. Verfahre mit den anderen Farben des Schmetterlingsmusters ebenso.
9. Schneide die Schmetterlingsform aus. Achte darauf, dass der Falz zwischen Vorder- und Hinterflügeln nicht durchschnitten wird.
10. Bemale ein Streichholz und klebe es (zusammen mit zwei Perlonfäden, deren Ende du mit einem Knoten versehen hast) auf den Falz.
11. Bemale den Kartondeckel deckend mit einer unbunten Farbe (Weiß, Grau, Schwarz).
12. Befestige den Schmetterling mit Stecknadeln in dem bemalten Kartondeckel.
13. Verfasse auf dem übrig gebliebenen Zeichenblockpapier eine Kurzbeschreibung zu diesem einzigartigen Exemplar eines Schmetterlings (Name, Art, Vorkommen …).

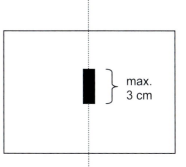

max. 3 cm

© Schöningh Verlag, Best.-Nr. 018120

Die Welt von oben
Deckfarbenmalerei

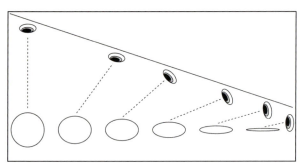

Abb. 1: Verkürzung des Kreises zur Ellipse

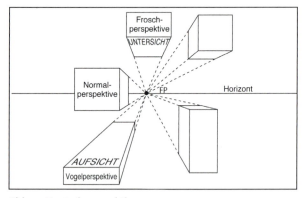

Abb. 2: Zentralperspektive

Sachanalyse

Ständig sehen wir Dinge von oben, ob dies beim Mittagessen die Speisen auf dem Teller sind oder ob dies der Untergrund ist, über den wir schreiten. Wir sind gewohnt, bestimmte Dinge aus der sog. „Vogelperspektive" zu betrachten. Lebewesen oder Dinge von oben zu sehen, bedeutet Aufsicht zu haben, was einen erhöhten Standort voraussetzt, von dem aus die Sicht erfolgt. Meist sehen wir die Dinge jedoch nicht ausschließlich in Aufsicht, sondern auch von der Seite. Die Öffnung einer Tasse erscheint uns dann beispielsweise nicht als Kreis, sondern verkürzt sich perspektivisch zur Ellipse (Abb. 1). Viele Gegenstände würden wir vermutlich gar nicht auf Anhieb erkennen, wenn wir sie senkrecht von oben erblicken würden, da wir sie aus dieser Perspektive selten und dann in der Regel auch nur ganz kurz sehen.

Das Wort „Perspektive" leitet sich vom lateinischen „perspicere" ab und bedeutet so viel wie „richtig sehen". Die Perspektive, insbesondere die Fluchtpunktperspektive (Fluchtpunkt = FP, vgl. Abb. 2), ist ein Abbildungsverfahren, mit dem sich Raum und die sich darin befindenden Lebewesen und Dinge in einer den Sehbedingungen des menschlichen Auges entsprechenden Weise darstellen lassen. Mithilfe der Perspektive wird folglich eine Illusion vermittelt, die sich nach den Seherfahrungen des Menschen richtet. Darstellungen extremer Blickwinkel, z. B. mit starken Verkürzungen, erscheinen uns fremd oder gar unwirklich, weil es uns diesbezüglich an Seherfahrung mangelt.

Die Bezeichnung „Vogelperspektive" verweist im Gegensatz zur „Froschperspektive" und „Normal- oder Frontalperspektive" (Abb. 2) auf den Blick von oben. Es kommt aber auch der uralte Traum der Menschheit zum Ausdruck, sich wie die Vögel in die Luft zu erheben, um aus dieser Perspektive den Raum besser zu überschauen und leichter überwinden zu können. Landkarten und Grundrisspläne kommen einem solchen Bild aus der Luft nahe. Es gab sie schon lange bevor Luftaufnahmen möglich waren, allerdings in entsprechender Abstraktion oder Skizzenhaftigkeit. Ein Blick von Türmen oder Bergen vermittelte einen Vorgeschmack auf die Möglichkeiten von Luftbildern, die dann Wirklichkeit wurden, als sich der Traum vom Fliegen für die Menschen erfüllte.

Heute werden wir ständig mit Luftbildern konfrontiert, Satellitenaufnahmen prognostizieren Wetterentwicklungen, Luftaufnahmen illustrieren Nachrichtensendungen. Trotz der Gewöhnung an diese Art von Bildern reagieren wir erstaunt auf Luftbilder, insbesondere Senkrechtdarstellungen, die kleinere, uns vertraute Landschaftsausschnitte zeigen.

 ## Medien

Anschauungsmittel

- ✓ Folien 1 und 2, S. 124/125
- ✓ Tageslichtprojektor
- ✓ Projektionswand
- ✓ Tafel/Kreide
- ✓ Texte, S. 124, 128

Arbeitsmittel

- ✓ Arbeitsblätter 1 und 2, S. 126/127
- ✓ Schreibzeug
- ✓ Zeichenblock DIN A3
- ✓ Deckfarben und Zubehör
- ✓ Buntstifte
- ✓ Filzstifte

 ## Zu beachten

- Verzicht auf den Horizont
- Vorzeichnung nicht zu detailliert anlegen
- Filzstifte erst nach dem Auftrocknen der Deckfarben einsetzen
- Verzicht auf die Zuhilfenahme von Lageplänen und Karten

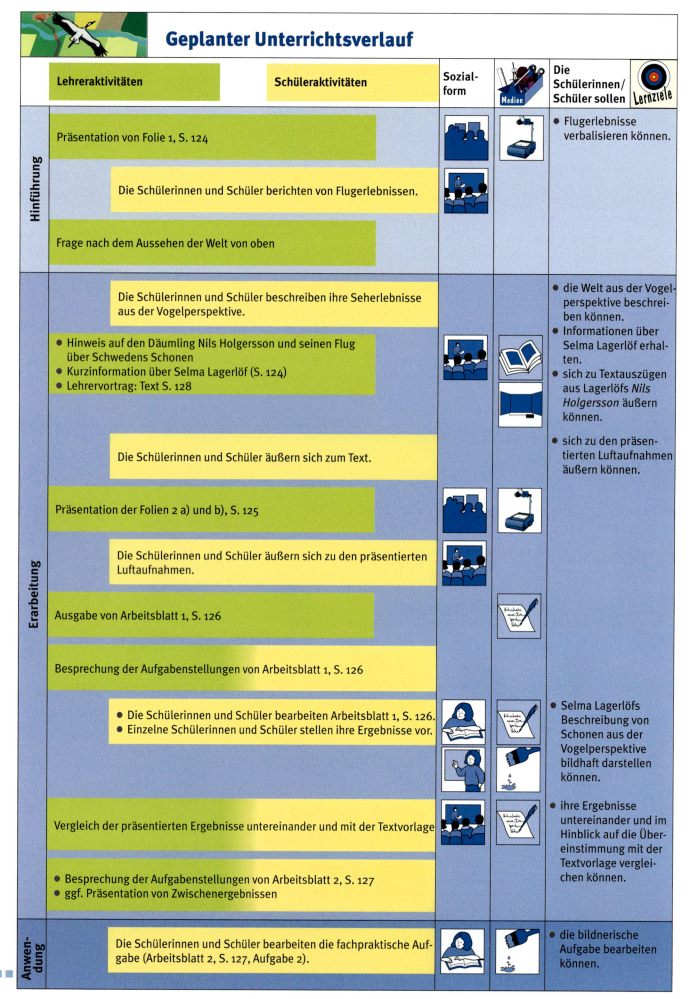

Die Phase der Hinführung bedient sich visueller Eindrücke der Schülerinnen und Schüler bei Flügen oder beim Blick von hohen Gebäuden. Das Bild eines Heißluftballons dient als Gesprächsanlass. Die Schülerinnen und Schüler verbalisieren ihre Seherlebnisse und thematisieren die veränderte Perspektive. Über den Hinweis, dass Selma Lagerlöfs Nils Holgersson bei seinem Flug auf dem Rücken einer Wildgans über Schwedens Landschaft ähnliche Eindrücke sammeln konnte, erfolgt nach einer Kurzinformation zur Autorin Selma Lagerlöf (S. 124) ein Lehrervortrag mit Auszügen aus *Nils Holgerssons wunderbare Reise durch Schweden*. Die Schülerinnen und Schüler vergleichen die Darstellung mit eigenen Eindrücken und äußern sich hierzu. Die Präsentation zweier Luftaufnahmen, einer Stadt und einer ländlichen Landschaft mit Wald, Wiesen und Äckern, rundet diese Unterrichtsphase ab.

Auf Arbeitsblatt 1, Seite 126, illustrieren die Schülerinnen und Schüler Selma Lagerlöfs Beschreibung von Schonen aus der Luft. In einem sich an diese fachpraktische Aufgabe anschließenden Unterrichtsgespräch werden die Lösungen der Schülerinnen und Schüler miteinander und in Bezug auf ihre Übereinstimmung mit dem Text verglichen. Zur bildhaften Darstellung dienen Buntstifte. Sie eignen sich für die kleinformatige Darstellung und Papierqualität besser als Deckfarben und ermöglichen ebenfalls das Mischen von Farben. Aufgrund der geringeren Leuchtkraft der Farben und des kleinen Formates empfiehlt es sich, die Bildbetrachtung im Kreis oder Halbkreis um die ausgelegten oder aufgehängten Schülerarbeiten durchzuführen.

Arbeitsblatt 2, Seite 127, dient als Vorüberlegung zur auf DIN A3 (ggf. auch DIN A2/Partnerarbeit) anzufertigenden bildnerischen Arbeit. Der darzustellende Ausschnitt sollte sich auf ein Gebiet beschränken, mit dem die Schülerinnen und Schüler gut vertraut sind, sodass sie ihre Kenntnisse in ein Luftbild umzusetzen vermögen. Auf die Zuhilfenahme von Lageplänen sollte möglichst verzichtet werden, da der Transfer der tagtäglich gesammelten Eindrücke in die veränderte Perspektive Bestandteil der Bildarbeit ist.

Die Bildelemente werden in Anlehnung an das auf Arbeitsblatt 2, Seite 127, skizzierte Luftbild auf das größere Format übertragen. Anstelle des ins Bild ragenden Flügels eines Flugzeuges von Arbeitsblatt 2 sind andere Lösungen möglich.

Die malerische Gestaltung erfolgt mit Deckfarben. Hierbei sollten die Schülerinnen und Schüler auch nochmals an die Möglichkeit des Mischens der Farben erinnert werden. Oberflächenstrukturen können alternativ mit Deckfarben (ggf. nass-in-nass) oder Filzstiften aufgebracht werden.

Schülerarbeit: Die Welt von oben

Kurzinformation über Selma Lagerlöf

Selma Ottilia Lovisa Lagerlöf wurde am 20.11.1858 in Mårbacka in Schweden geboren. Sie wuchs auf dem Gut Mårbacka auf und wurde Lehrerin. Ab 1897 arbeitete sie als freie Schriftstellerin. 1906 gab sie als Auftragsarbeit für ein Schullesebuch ihr Buch „Die wunderbare Reise des kleinen Nils Holgersson mit den Wildgänsen" heraus. Es handelt sich dabei um die fantastische Geschichte eines Däumlings, der zusammen mit Wildgänsen die Naturschönheiten Schwedens kennen lernt. Selma Lagerlöf wurde 1906 mit dem Nobelpreis für Literatur für ihr literarisches Werk ausgezeichnet. Die Autorin starb am 16. März 1940 in ihrem Geburtsort.

a)

b)

AUFGABE 1: Fertige unter Verwendung von Buntstiften eine Illustration zu Selma Lagerlöfs Beschreibung.

„Er sah immer nur ein Karo neben dem anderen. Einige waren schräg und andere länglich, doch alle hatten Ecken und gerade Ränder, nichts war rund und nichts war krumm. [...] Da wurde ihm klar, dass dieses karierte Tuch, das er gerade überflog, der flache Boden von Schonen war. Und er begriff nun auch, weshalb es so vielfarbig und kariert aussah. Die hellgrünen Karos erkannte er zuerst: Das waren Roggenfelder, die man im vorigen Herbst bestellt hatte und die unter dem Schnee grün geblieben waren. Die gelbgrauen Karos waren Stoppelfelder, auf denen im letzten Sommer Getreide gestanden hatte. Die bräunlichen waren alte Kleewiesen, und die schwarzen waren leeres Weideland oder umgepflügte Brachäcker. Es gab auch dunkle Karos, die innen grau waren: Das waren die großen, viereckig gebauten Bauernhöfe mit ihren schwarz gewordenen Strohdächern und den gepflasterten Hofplätzen."

AUFGABE 2: Selma Lagerlöfs Beschreibung enthält keine Hinweise auf die unterschiedlichen Oberflächenstrukturen von Äckern, Wiesen oder Wald.

Zeichne diese Oberflächenstrukturen ein.

© Schöningh Verlag, Best.-Nr. 018120

AUFGABE 1: Skizziere eine Luftaufnahme deines Schulwegs/Wohnviertels.

AUFGABE 2:

a) Übertrage deinen Entwurf auf ein Zeichenblatt. An die Stelle des Flugzeuges kann ein anderes Fluggerät treten.
b) Gestalte deinen Entwurf mit Deckfarben malerisch aus.
c) Zeichne mit Filzstiften Details und Oberflächenstrukturen ein.

In **"Nils Holgerssons wunderbare Reise durch Schweden" von Selma Lagerlöf** wird neben den Abenteuern des Däumlings Nils aus der Vogelperspektive die schwedische Landschaft dargestellt.

Hier zwei Auszüge:

„Der Junge war von dreizehn Gänsen umgeben. Alle flatterten und schnatterten, die Flügel bewegten sich auf und ab, und in den Federn brauste es wie ein ganzer Sturm. Er war vollkommen durcheinander. Es tanzte vor seinen Augen und sauste in seinen Ohren.

Endlich kam er so weit zur Besinnung, dass er einen Gedanken fassen konnte: Er musste herausbekommen, wohin die Gänse ihn trugen. Doch als er deswegen in die Tiefe schaute, glaubte er unter sich ein großes Tuch ausgebreitet zu sehen, das in viele kleine und große, verschiedenfarbige Karos eingeteilt war.

‚Um Himmels willen, wohin bin ich nur geraten?', fragte er sich.

Er sah immer nur ein Karo neben dem anderen. Einige waren schräg und andere länglich, doch alle hatten Ecken und gerade Ränder, nichts war rund und nichts war krumm.

‚Was ist denn das für ein großes, kariertes Stück Stoff da unten?', fragte der Junge, ohne eine Antwort zu erwarten

Doch die Wildgänse, die rechts und links von ihm flogen, riefen sogleich: ‚Äcker und Wiesen. Äcker und Wiesen.'

Da wurde ihm klar, dass dieses karierte Tuch, das er gerade überflog, der flache Boden von Schonen war. Und er begriff nun auch, weshalb es so vielfarbig und kariert aussah. Die hellgrünen Karos erkannte er zuerst: Das waren Roggenfelder, die man im vorigen Herbst bestellt hatte und die unter dem Schnee grün geblieben waren. Die gelbgrauen Karos waren Stoppelfelder, auf denen im letzten Sommer Getreide gestanden hatte. Die bräunlichen waren alte Kleewiesen, und die schwarzen waren leeres Weideland oder umgepflügte Brachäcker. Es gab auch dunkle Karos, die innen grau waren: Das waren die großen, viereckig gebauten Bauernhöfe mit ihren schwarz gewordenen Strohdächern und den gepflasterten Hofplätzen. Und dann gab es Karos mit grüner Mitte und braunen Rändern: Das waren Gärten, deren Rasenflächen schon grünten, obwohl die Rinde der Sträucher und Bäume rundherum noch nackt und braun war.

Als der Junge sah, wie kariert alles war, musste er ganz einfach lachen."

„Zwischen den Orten zogen sich gelbe Landstraßen, blanke Eisenbahnschienen und blaue Kanäle wie Schleifen aus Seidenstoff dahin. Der Dom von Linköping glich einem kostbaren, von Perlen eingefassten Stein, und die Höfe auf dem Land glichen kleinen Broschen und Knöpfen. Das Muster hatte keine besondere Ordnung, war aber so prachtvoll, dass man sich gar nicht satt daran sehen konnte."

© Schöningh Verlag, Best.-Nr. 018120

Sky Dance
Kinetisches Objekt

Sachanalyse

Niki de Saint Phalle wird 1930 in Neuilly-sur-Seine geboren, wächst jedoch in New York auf, wo sich ihre Eltern Ende der 1920er-Jahre niedergelassen hatten. 1948 beginnt Niki de Saint Phalle zu malen. Mit 18 heiratet sie heimlich den Schriftsteller Harry Mathews, mit dem sie zwei Kinder haben wird. Die Familie lässt sich in Europa nieder (Paris, Nizza, Mallorca). In Barcelona begegnet sie der Kunst von Antoni Gaudi, die ihr Kunstschaffen stark beeinflusst. 1960 lernt sie Jean Tinguely kennen. Es beginnt eine langjährige, äußerst produktive Zusammenarbeit zwischen den beiden Künstlern.

Niki de Saint Phalles Werk steht in enger Verbindung zu ihr selbst. Es zeigt einerseits die intensive und kritische Auseinandersetzung mit dem wohlsituierten Milieu, in dem sie aufwuchs. Andererseits ist es aber auch durch eine Heiterkeit und Ungezwungenheit gekennzeichnet, die Lust am Leben vermittelt und den Betrachter auffordert, in das Reich der Farben, Bilder und Mythen einzutreten.

Abb. 1: Niki de Saint Phalle zwischen ihren Nanas in der Galerie Alexandre Iolas, Paris

In ihren Assemblagen kommt die Auflehnung gegen die Zwänge der Kindheit und das Streben nach Freiheit und Unabhängigkeit ebenso zum Ausdruck wie in den Schießbildern oder den Darstellungen von Bräuten, Altären oder Monstern.

Die Frau ist ein immer wiederkehrendes Motiv in Niki de Saint Phalles Werken. Ihre Nanas stellen eine Apotheose der Frau in all ihren Erscheinungen dar (Abb. 1). Dennoch lässt sich die Künstlerin nicht vom Feminismus vereinnahmen, der ihr Werk für seine Zwecke nutzen möchte.

Im Tarot-Garten, der zwischen 1979 und 1996 in Garavicchio in der Toskana entsteht, wird Niki de Saint Phalles Vorliebe für Mythen besonders deutlich. In zehnjähriger Bauzeit entsteht in einem kleinen aufgegebenen Steinbruch ein Skulpturengarten mit zweiundzwanzig Bildsymbolen der Tarotkarten. Die teilweise bewohnbaren Monumentalskulpturen zeigen deutlich den Einfluss Gaudis: Die mit Zement überzogenen Eisenkonstruktionen sind mit einem Mosaik aus Keramik- und Spiegel- oder Glasscherben verkleidet (Abb. 2 und 3, S. 130).

Abb. 2: Stahlgerüst zur *Hohepriesterin* im Garten des Tarot

Abb. 3: *Hohepriesterin* im Garten des Tarot. Im Vordergrund das *Rad des Schicksals* von Jean Tinguely

Kinetische Objekte bewegen sich selbst oder lassen sich in Bewegung versetzen. Antriebskräfte sind Motoren oder Naturkräfte wie Wind oder Wasser. 1913 schuf Marcel Duchamp sein Ready-made *Fahrrad-Rad,* das bereits den Gesichtspunkt der Bewegung enthielt, ohne dass diesem aber eine tragende Bedeutung zukam. Niki de Saint Phalles langjähriger Freund Jean Tinguely gestaltet aus Schrott kinetische Objekte, wie sie auch im Garten des Tarot zu sehen sind (Abb. 3). Sein künstlerisches Schaffen wurde nachhaltig von Alexander Calder beeinflusst, der sich bereits 1932 mit naturkraftbewegten Mobiles befasste. Auch Niki de Saint Phalles Aquarell *Sky Dance* bietet sich zur Transposition als Mobile an; bereits der Bildtitel legt eine solche Umgestaltung nahe.

Medien

Anschauungsmittel

- Text für Lehrervortrag, S. 134
- Folien 1–4, S. 134–137
- Tageslichtprojektor
- Projektionswand
- Folienstifte in mehreren Farben
- Arbeitsblätter 1 und 2, S. 138/139

Arbeitsmittel

- Arbeitsblätter 1 und 2, S. 138/139
- Zeichenblock DIN A3
- Deckfarben und Zubehör
- stabilere, aber noch mit der Schere gut schneidbare Pappe
- Sportlerfoto
- Schere
- Perlonfaden
- Reißnägel
- dicker schwarzer Filzschreiber

Zu beachten

- Pappe (Werkkarton) sollte sich noch gut mit der Schere schneiden lassen
- Das Loch zum Befestigen des Perlonfadens lässt sich gut mit einem Locher anbringen.
- Weiße Pappe ist Graupappe vorzuziehen. Die aufgetragenen Farben leuchten stärker.
- Neben der Musterung auch größere ungemusterte Farbflächen stehen lassen. Dadurch entsteht mehr Spannung.

Geplanter Unterrichtsverlauf

	Lehreraktivitäten	Schüleraktivitäten	Sozial-form	Medien	Die Schülerinnen/Schüler sollen (Lernziele)
Hinführung	• Lehrervortrag: Text S. 134 • Präsentation der Folien 1 und 2, S. 134/135				• sich zum vorgetragenen Text und den präsentierten Abbildungen äußern und beide aufeinander beziehen können.
		Schüleräußerungen zum Text und zur präsentierten Abbildung			
Erarbeitung	Präsentation von Folie 3, S. 136				• die Umrisszeichnung der präsentierten Figur mit Mustern in Anlehnung an die Figuren von Niki de Saint Phalle ausgestalten können.
		Einzelne Schülerinnen und Schüler gestalten den Figurenumriss in Anlehnung an Niki de Saint Phalles Figuren aus.			
	Ausgabe von Arbeitsblatt 1, S. 138				• nach Fotografien von Sportlern Umrisszeichnungen anfertigen können. • das Figureninnere mit Mustern ausgestalten können.
	• Lesen des Infotextes zu Niki de Saint Phalle • Besprechung der Aufgabenstellung von Aufgabe 1 und 2				
		Die Schülerinnen und Schüler bearbeiten die Aufgaben 1 und 2 von Arbeitsblatt 1, S. 138.			
	Präsentation von Folie 4, S. 137				• Niki de Saint Phalles *Sky Dance* beschreiben und mögliche Bildtitel formulieren können.
		Die Schülerinnen und Schüler beschreiben das Bild und formulieren mögliche Bildtitel.			
	• Den Bildtitel *Sky Dance* an die Tafel schreiben • Ausgabe von Arbeitsblatt 2, S. 139				• die Reihenfolge der Arbeitsschritte für die fachpraktische Arbeit festlegen können.
	Arbeitsblatt 2, S. 139: Besprechung der Arbeitsschritte für die fachpraktische Aufgabe				
	Ausgabe der Materialien und Werkzeuge für die fachpraktische Arbeit				
Anwendung		Die Schülerinnen und Schüler bearbeiten die fachpraktische Aufgabe.			• die fachpraktische Aufgabe bearbeiten können.

Niki de Saint Phalles *Sky Dance* dient als Anregung für diese Unterrichtseinheit. Aus Pappe ausgeschnitten und farbig gestaltet ergeben mehrere Figuren zusammen ein Mobile. Die Schülerinnen und Schüler lernen die plastischen Figuren Niki de Saint Phalles kennen. Sie skizzieren typische Muster und übertragen sie auf die selbst entworfenen Figuren. Diese lehnen sich in der Form an geeignete Abbildungen von Sportlern auf Zeitungsbildern an. Die Schülerinnen und Schüler übernehmen die Körperhaltung der unterschiedliche Sportarten ausübenden Personen in ihre Umrisszeichnungen. Dabei sind Sportgeräte ebenso wegzulassen wie deutlich sichtbare und die Körperformen verhüllende Kleidung. Das o. g. Aquarell wird, um nichts vorwegzunehmen, erst präsentiert, wenn die Erarbeitung der Figuren abgeschlossen ist.

Sowohl in der Übungsphase (Arbeitsblatt 1, S. 138) als auch bei der endgültigen fachpraktischen Arbeit werden die Figuren im Vergleich zu den Sportlerfotos stark vergrößert. Dabei ist insbesondere auf die Wahrung der Proportionen der Figuren zu achten. Eine Rastervergrößerung ist jedoch nicht vorgesehen.

Bei der fachpraktischen Arbeit dient Pappe zur Realisation. Sie sollte einerseits eine gewisse Festigkeit aufweisen, sodass auch bei Figuren von ca. 40 cm Länge z. B. die ausgestreckten Arme nicht abkippen. Andererseits sollte sich die Pappe aber auch gut mit der Schere schneiden lassen. Beidseitig weiße Pappe ist gegenüber Graupappe der Vorzug zu geben. Die aufgetragene Deckfarbe entfaltet auf dem weißen Untergrund eine größere Leuchtkraft.

Die Figuren sollten nicht völlig mit Mustern bedeckt werden. Ruhiger gestaltete Flächen schaffen einen reizvollen Gegensatz zu gemusterten. Die Muster sollten nicht zu kleinteilig angelegt sein; die Schülerinnen und Schüler sollten in der Lage sein, die Muster mit Deckfarbe ausgestalten zu können. Ein dickflüssiger Farbauftrag erleichtert die Arbeit und ermöglicht ein zügigeres Vorankommen.

Arbeitsblatt 2, S. 139, führt die notwendigen Arbeitsschritte bis hin zur Fertigstellung der Figur auf. Diese sind von den Schülerinnen und Schülern zunächst jedoch in die richtige Reihenfolge zu bringen.

Nach der Auswahl eines Zeitungsbildes mit einem sich zur Umsetzung eignenden Sportler erfolgt die stark vergrößerte Umrisszeichnung mit Bleistift auf Pappe. Ebenfalls mit Bleistift werden die Muster eingezeichnet. Nun erfolgt die farbige Ausgestaltung mit Deckfarbe. Ist diese aufgetrocknet, wird die Figur ausgeschnitten und die Rückseite auf entsprechende Weise bearbeitet. Mit einem dicken schwarzen Filzschreiber werden auf beiden Seiten der Figur die Konturen und Begrenzungen der Muster nachgezogen. Zum Schluss erhält die Tänzerin/der Tänzer noch eine Aufhängung. Dazu bringt man am oberen Ende mit einem Locher ein Loch an, das zum Befestigen eines Perlonfadens dient.

Lehrervortrag

In ihren leuchtenden Farben und bunten Mustern bewegen sich die Tänzerinnen und Tänzer in scheinbarer Schwerelosigkeit am Himmel. Es wirkt spielerisch, wie sich die Gestalten, Mond und Sterne zum Greifen nahe, dem Tanz hingeben.

Das Bild nimmt mich gefangen, ich kann mich nicht satt sehen.

Da schrecke ich auf – Habe ich etwa alles nur geträumt?

Diese bunten Gestalten – gestern habe ich sie noch gesehen. Gestern sind wir nämlich von unserem Italienurlaub zurückgekehrt. Auf der Rückfahrt hatten wir in der Toskana den von der Künstlerin Niki de Saint Phalle gestalteten „Garten des Tarot" (Giardino dei Tarocchi) besucht. Dort hatte ich die farbenprächtigen Figuren gesehen, die mir im Traum erschienen waren.

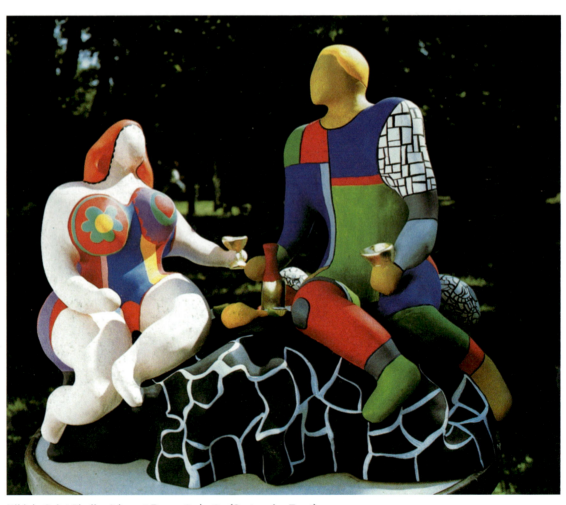

Niki de Saint Phalle, Adam et Eve, 1985/1989 (Garten des Tarot)

Niki de Saint Phalle, La tempérance, 1984

© Schöningh Verlag, Best.-Nr. 018120

135

3

Abb. 1

Abb. 2

136

© Schöningh Verlag, Best.-Nr. 018120

Niki de Saint Phalle, La danse éclatée/Sky Dance (Der explodierende Tanz), 2000, Lithografie

Niki de Saint Phalle (1930–2002) wurde im französischen Neuilly-sur-Seine geboren, wuchs jedoch in New York auf, wo sich ihre Eltern Ende der 20er-Jahre des letzten Jahrhunderts niedergelassen hatten. 1948 begegnete sie in Barcelona der Kunst von Antoni Gaudi, was ihr weiteres Schaffen ebenso nachhaltig beeinflusste wie die langjährige Freundschaft mit dem Künstler Jean Tinguely, den sie 1960 in Paris kennen lernte.

„Nanas" nannte sie ihre Frauenplastiken und überlebensgroßen Sinnbilder von Weiblichkeit und bunter, kraftvoller Leichtigkeit. Angeregt durch Gaudis Park Güell in Barcelona entstand in der Toskana Saint Phalles „Garten des Tarot" mit riesigen begeh- und bewohnbaren Figuren. In Zusammenarbeit mit Tinguely schuf sie kinetische (= auf Bewegung beruhende) Plastiken.

AUFGABE 1: Welche Muster verwendet Niki de Saint Phalle bevorzugt zur Ausgestaltung ihrer Figuren?

Skizziere einige dieser Muster.

AUFGABE 2:

Abb. 1

Abb. 2

Abb. 3

a) Wähle eines dieser Fotos als Vorlage für die Umrisszeichnung einer Figur (Bleistift/Zeichenblock formatfüllend).

b) Fülle die Umrisszeichnung mit fantasievollen Mustern in der Art der Muster von Niki de Saint Phalle.

c) Gestalte die Zeichnung farbig mit Deckfarben aus. Ziehe zum Schluss die Bleistiftstriche (Umriss und Muster) mit einem dicken schwarzen Filzschreiber nach.

© Schöningh Verlag, Best.-Nr. 018120

Arbeitsschritte

Lege die Reihenfolge der erforderlichen Arbeitsschritte fest.

Ein geeignetes Zeitungsbild eines Sportlers aussuchen — **1**

Die Rückseite der Figur ebenfalls mit Mustern ausgestalten und anmalen

Die Figur ausschneiden

Nach dem Sportlerbild auf Pappe mit Bleistift eine Umrisszeichnung anfertigen

Die Figur oben mit einem Loch versehen (Locher) und daran einen Faden befestigen

Die Muster und die Figur mit Deckfarben ausgestalten

Die Umrisszeichnung mit Mustern ausgestalten

Auf Vorder- und Rückseite die Umrisse der Figur sowie die Begrenzung der Muster mit einem dicken schwarzen Filzschreiber nachziehen — **8**

© Schöningh Verlag, Best.-Nr. 018120

Schülerarbeiten: Sky Dance (Kinetisches Objekt)

140

KLAPPSCHNITT

Sachanalyse

Der Klappschnitt ist eine Schneidetechnik, bei der kein Abfall entsteht. Das Motiv ist wie beim Scherenschnitt flächig angelegt und ergibt sich durch den Kontrast zweier Farben. Wie die Bezeichnung „Klappschnitt" verrät, werden ausgeschnittene Formen geklappt. Dies bedeutet neben deren spiegelbildlicher Anordnung eine Umkehr der Farben von Figur und Grund und insgesamt ein achssymmetrisches Motiv.

Aufgrund des axialen Bezuges eignen sich neben Ornamenten nur symmetrisch angelegte Motive wie beispielsweise Gesichter für eine Realisation als Klappschnitt. Dient Zeichenpapier im DIN A3-Format als Grundfläche, so benötigt man noch Papier in einer hierzu kontrastierenden Farbe, das je nach Verlauf der das Ausgangsformat halbierenden Achse halb so groß ist wie dieses.

Positive und negative Flächen des Motivs sollten ausgewogen sein, damit der Klappschnitt seine Wirkung entfalten kann. Das Motiv entwickelt sich durch sukzessives Ausschneiden, Anordnen und Aufkleben der ausgeschnittenen Teile. Wichtig ist das exakt spiegelbildliche Aufkleben der ausgeschnittenen Bildelemente. Bezugspunkt für die Position der Bildelemente ist die Positiv und Negativ voneinander trennende Symmetrieachse. Es empfiehlt sich, die ausgeschnittenen Teile gleich aufzukleben, damit sie nicht verloren gehen. Um böse Überraschungen zu vermeiden, sollte vor dem Aufkleben der Abstand der ausgeschnittenen Bildelemente zur Mittelachse ermittelt werden, damit die neuen Positionen exakt bestimmt werden und alle ausgeschnittenen Teile ihren spiegelbildlichen Ort erhalten können.

Schülerarbeit: Maske (Klappschnitt)

Medien

Anschauungsmittel

- ✔ Folie 1, S. 145
- ✔ Tageslichtprojektor
- ✔ Projektionswand
- ✔ Tafel, Kreide
- ✔ Arbeitsblatt 1, S. 147

Arbeitsmittel

- ✔ Arbeitsblatt 1, S. 147
- ✔ Zeichenblock DIN A3
- ✔ Klebestift
- ✔ Flüssigkleber
- ✔ Schneidemesser
- ✔ Schneideunterlage (Zeichenblock-Rückseite)
- ✔ schwarzes Tonpapier (8,5 x 16 cm) für die Übung
- ✔ schwarzes Tonpapier (14,8 x 42 cm) für die Anwendung
- ✔ Bleistift oder heller Buntstift
- ✔ Schere

Zu beachten

- Schneideunterlage verwenden
- Sicherheitshinweise zum Umgang mit Schneidemessern beachten
- Pflaster bereithalten
- Exakte Vorzeichnung mit Bleistift unter Berücksichtigung der beiden kontrastierenden Farben und der Technik
- Formatfüllende Darstellung
- Exaktes spiegelbildliches Platzieren der ausgeschnittenen Teile (ausmessen!)
- Unmittelbares Aufkleben der ausgeschnittenen Teile verhindert, dass etwas verloren geht.

Geplanter Unterrichtsverlauf

	Lehreraktivitäten	Schüleraktivitäten	Sozial-form	Medien	Die Schülerinnen/ Schüler sollen
Hinführung	Präsentation von Folie 1, S. 145				• das präsentierte Bild eingehend betrachten und sich dazu äußern können.
Erarbeitung		Die Schülerinnen und Schüler erkennen in der präsentierten Abbildung einen Klappschnitt und nennen Merkmale dieser Technik.			• die wesentlichen Merkmale eines Klappschnittes erkennen, benennen und in einer Mindmap festhalten können.
	Tafelbild: Die genannten Merkmale werden in einer Mindmap festgehalten, z.B.: *Beschränkung auf zwei Farben* — **Klappschnitt** — *Spiegelachse* / *Positiv – Negativ* / *flächig* / *Verzicht auf Details* / *spiegelbildlicher Aufbau*				
	Ausgabe von Arbeitsblatt 1, S. 147				
		• Lesen und Besprechen von Nr. I. des Arbeitsblattes 1, S. 147 • Besprechung der fachpraktischen Übung (II.)			• technische Details zum Klappschnitt erfahren.
	Ausgabe des zugeschnittenen schwarzen Tonpapiers und der Schneidemesser				
		Die Schülerinnen und Schüler bearbeiten die fachpraktische Übung von Arbeitsblatt 1, S. 147.			• unter Verwendung eines vorgegebenen Motivs einen Klappschnitt fertigen können.
	• Präsentation einiger der Stillleben-Klappschnitte • Die Schülerinnen und Schüler äußern sich zu den präsentierten Abbildungen. • Bedeutung der symmetrischen Anordnung/weitere symmetrisch angelegte Motive				• sich zu den präsentierten Arbeitsergebnissen und persönlichen Erfahrungen mit dieser Technik äußern können.
	• Tafelanschrieb: *Thema: Maske/Technik: Klappschnitt* • Präsentation von Folie 2, S. 146				• weitere Maskenformen und Maskenelemente skizzieren können.
	• Einzelne Schülerinnen und Schüler skizzieren weitere Gesichtsformen, Nasen, Augen, Münder ... • Einzelne Schülerinnen und Schüler ordnen die Reihenfolge der Arbeitsschritte.				• die Reihenfolge der Arbeitsschritte bestimmen können.
Anwendung	Ausgabe des schwarzen Tonpapiers				
		Die Schülerinnen und Schüler bearbeiten die fachpraktische Aufgabe.			• das Motiv Maske als Klappschnitt realisieren können.

143

Die Hinführung und wesentliche Bereiche der Erarbeitung erfolgen über die Präsentation von Folie 1, S. 145. Die Schülerinnen und Schüler erkennen und benennen anhand des präsentierten Klappschnittes die wesentlichen Merkmale dieser Technik. Neben der Spiegelbildlichkeit und dem damit verbundenen Bezug der Bildelemente auf eine Achse sprechen die Schülerinnen und Schüler den Wechsel zwischen Positiv und Negativ von Figur und Grund an. Auch die flächige Darstellung mit dem Verzicht auf Details und die daraus resultierende plakative Wirkung können in dieser Phase bereits thematisiert werden.

Arbeitsblatt 1, Seite 147, dient zur Festigung der genannten Erkenntnisse. Mit der ebenfalls auf Arbeitsblatt 1 enthaltenen fachpraktischen Übung erfolgt der erste Versuch der Schülerinnen und Schüler mit der soeben kennen gelernten Technik. Gute Schneidemesser sind bei dieser Technik ebenso unverzichtbar wie eine geeignete Schneideunterlage. Es empfiehlt sich, den Schülerinnen und Schülern das benötigte schwarze Tonpapier zugeschnitten auszugeben. Dies gilt gleichermaßen für die in der Phase der Anwendung anzufertigende fachpraktische Arbeit. Der Schneidearbeit sollten Hinweise im Umgang mit Schneidemessern vorangestellt werden, um die Verletzungsgefahr zu minimieren. Zum Aufkleben der ausgeschnittenen Bildteile findet zunächst am besten ein Klebestift Verwendung. Die aufgeklebten Teile lassen sich bei erforderlichen Korrekturen leicht ablösen und neu anordnen, ohne dass allzu hässliche Klebstoffspuren zurückbleiben. Für das endgültige Fixieren empfiehlt sich jedoch ein Flüssigkleber. Hierbei genügt es, einzelne Klebepunkte aufzubringen.

Die Präsentation der Arbeitsergebnisse dieser Übung erfolgt aufgrund des kleinen Formates entweder im Halbkreis vor den an der Tafel oder einer Pinnwand befestigten Klappschnitten oder um einen Tisch, auf dem diese ausgelegt werden. Die Schülerinnen und Schüler verbalisieren die soeben gemachten Erfahrungen mit dieser Technik und äußern sich zu den präsentierten Ergebnissen. Insbesondere die exakte Positionierung der ausgeschnittenen und dann aufgeklebten Formen und die angestrebte Spiegelbildlichkeit sollten Gegenstand der Betrachtung sein. Im Unterrichtsgespräch werden die Schülerinnen und Schüler aufgefordert, Motive zu nennen, die sich aufgrund der ihnen eigenen Symmetrie besonders gut zur Realisation als Klappschnitt eignen. Die Schülerinnen und Schüler nennen unter anderem das menschliche Gesicht als geeignetes Motiv, eventuell fällt in diesem Zusammenhang auch der Begriff Maske. Folie 2, Seite 146, geht auf die Symmetrie des Gesichtes ein. Einzelne Schülerinnen und Schüler skizzieren mit einem Folienstift weitere Kopfformen und Gesichtsteile. Die vorgegebenen Beispiele intendieren eine comic- oder maskenartige Darstellungsweise.

Zum Abschluss dieser Arbeitsphase haben die Schülerinnen und Schüler die Aufgabe, die Reihenfolge der vorgegebenen Arbeitsschritte festzulegen. Während der sich anschließenden fachpraktischen Arbeit kann die bearbeitete Folie hin und wieder präsentiert werden. Bei der Übung (Arbeitsblatt 1, S. 147) dient schwarzes Papier als Bildträger, bei der Anwendung weißes. Um Irritationen vorzubeugen, sollte hierauf hingewiesen werden. Die Gründe hierfür sind sowohl technischer als auch ökonomischer Art. Die Verwendung des Arbeitsblattes als Realisationsmedium für die fachpraktische Übung macht einen schwarzen Bildträger erforderlich. In der Anwendung wird hierauf zugunsten des preiswerteren Zeichenpapieres verzichtet.

Silhouette von Dinkelsbühl

Skizzen von Masken **1**

Bildelemente ausschneiden

Die ausgeschnittenen Bildteile auf den beiden Maskenhälften anordnen und festkleben

Hälfte der Maske auf schwarzem Papier zeichnen; Symmetrieachse = linker Blattrand; flächige Darstellung der Bildelemente

Das schwarze Tonpapier mit den „Fenstern" rechtsbündig auf dem weißen Papier anordnen und festkleben

I. Zur **Herstellung eines Klappschnittes** benötigst du Papier in zwei Farben, ein Schneidemesser und eine Schneideunterlage.

1. Das Motiv wird als Fenster aus dem Papier der einen Farbe ausgeschnitten und
2. auf das andersfarbige Papier geklappt und festgeklebt.
3. Da die Fenster ebenfalls mit dem kontrastierenden Papier hinterklebt werden müssen, benötigst du zwei Bögen Papier, wobei der eine Bogen genau halb so groß sein muss wie der andere. Der Klappschnitt verlangt symmetrische Motive. Spiegelungen oder Gesichter sind z. B. geeignete Motive für diese Technik.
4. Wichtig ist, dass du die geklappten Bildelemente exakt spiegelbildlich anordnest.

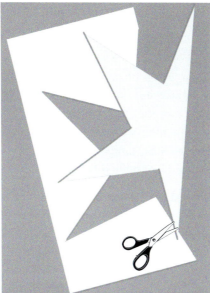

II. **Übung:** Fertige unter Verwendung von schwarzem Tonpapier (8,5 x 16 cm) und nachfolgendem Motiv einen Klappschnitt.
- Beachte die spiegelbildliche Anordnung der ausgeschnittenen Gefäße.
- Verwende eine Schneideunterlage.

Das schwarze Papier muss doppelt so breit sein wie das Motiv, sodass die durch das Ausschneiden der Gefäßformen entstandenen Fenster auch damit hinterklebt werden können.

© Schöningh Verlag, Best.-Nr. 018120

Silhouetten

Scherenschnitt

Sachanalyse

Beim Scherenschnitt hebt sich die schwarze Silhouette hart vom hellen Grund ab. Aber auch die Umkehr der Figur-Grund-Beziehung ist möglich. Viele Scherenschnitte des 18. Jahrhunderts zeigen helle Figuren auf dunklem Grund. Das Motiv definiert sich über den Umriss. Es erscheint als Fläche, reduziert auf den Hell-Dunkel-Kontrast von Figur und Grund. Die Kontur wird zum alleinigen Informationsträger, die Binnenform zur undifferenzierten Fläche. Die besondere Wirkung des Schattenrisses beruht auf dem Spannungsverhältnis zwischen unbestimmter Innenform und klar definiertem Umriss.

Fixierte Silhouetten zählen zu den ältesten Zeugnissen der Malerei. Steinzeitliche Höhlenmalerei zeigt umrandete Handabdrücke und dokumentiert damit die einstige Präsenz ganz bestimmter Individuen.

Im 18. Jahrhundert entwickelte der Schattenriss serielle Ausdrucksweisen und wurde zum Vorläufer des Massenmediums Fotografie. Die Bezeichnung „Silhouette" geht auf den Finanzminister Ludwigs XV., Etienne de Silhouette, zurück. Der nach diesem Herrn benannte Silhouettierstuhl ermöglichte ein nahezu fotografisch zuverlässiges Nachzeichnen des Schattenrisses von Personen. Die zu porträtierende Person wurde auf einem Stuhl fixiert. Als Lichtquelle diente eine Kerze. Der Schattenriss entstand auf einem mit transparentem Papier bespannten Rahmen. Das Anfertigen von Scherenschnitten wurde im 18. Jahrhundert zum beliebten Zeitvertreib. Lebensgroße Schattenrisse wurden mithilfe eines Storchenschnabels verkleinert.

Abb. 1: J. W. von Goethe, Gottlob Friedrich Constantin Freiherr von Stein auf Kochberg, um 1783; Graphit und Tusche auf Papier, 136 x 56,5 cm

Der Scherenschnitt eröffnet die Möglichkeit, ein schemenhaftes Abbild zu liefern, das als auf Papier festgehaltener Schatten auf jegliche Körperlichkeit verzichtet. Diente der Scherenschnitt im 18. Jahrhundert vorzüglich zum Festhalten von Physiognomien, so ist zu beobachten, dass er sich auch bei zeitgenössischen Künstlern wieder zunehmender Beliebtheit erfreut und diese diesem Verfahren neue Ausdrucksformen abgewinnen. Henri Matisse beeinflusste im letzten Jahrhundert diese Entwicklung nachhaltig (Abb. 1–3).

Abb. 2: Henri Matisse, Vegetabile Elemente, 1947; Gouache découpée auf Papier auf Leinen, 65 x 50 cm

Abb. 3: Felix Droese, Mann is Mann, 1979; Acryl, Packpapier, 161 x 119,5 cm

Medien

Anschauungsmittel

✔ Folien 1 und 2, S. 152/153

✔ Tageslichtprojektor

✔ Projektionsfläche

✔ Folienstift

Arbeitsmittel

✔ Arbeitsblätter 1 und 2, S. 154/155

✔ Bleistift

✔ schwarzes Tonpapier DIN A3 oder Scherenschnittpapier

✔ Zeichenblock DIN A3

✔ kleine Schere

✔ Schneidemesser

✔ Schneideunterlage

✔ Klebestift

Zu beachten

- Bedeutung des Umrisses für die Wirkung des Scherenschnittes beachten (Details wie fransige Haare, Kragen, Falten oder Knöpfe an der Kleidung in der Kontur berücksichtigen)

- Darstellung der Figuren im Profil

- Bei der Verwendung von Schneidemessern Schneideunterlage verwenden (Kartonrückseite des Zeichenblocks)

- Sicherheitshinweise zum Umgang mit Schneidemessern beachten

- Pflaster bereithalten

Geplanter Unterrichtsverlauf

	Lehreraktivitäten / Alternative / Schüleraktivitäten	Sozialform	Medien	Die Schülerinnen/Schüler sollen
Hinführung	Präsentation von Folie 1, S. 152			erkennen, dass es sich bei der präsentierten Abbildung um eine Gegenlichtaufnahme handelt, und deren Wirkung beschreiben können.
	• Die Schülerinnen und Schüler erkennen, dass es sich bei dem präsentierten Bild um eine Gegenlichtaufnahme handelt. • Sie beschreiben die Wirkung.			
Erarbeitung	• Präsentation von Folie 2, S. 153 • Einführung der Bezeichnung „Scherenschnitt"			• sich zum Folienbild äußern können, den Bezug zur Gegenlichtaufnahme herstellen und weitere Figuren als Silhouetten einzeichnen können. • die Bezeichnung „Scherenschnitt" kennen lernen.
	• Die Schülerinnen und Schüler äußern sich zur Abbildung. • Sie stellen den Bezug zur Gegenlichtaufnahme her. • Einzelne Schülerinnen und Schüler zeichnen weitere Figuren ein.			
	Ausgabe von Arbeitsblatt 1, S. 154			• Strichmännchen zu flächigen Figuren mit Scherenschnittcharakter ausarbeiten können.
	Besprechung der Aufgabenstellung der fachpraktischen Übung			
	Die Schülerinnen und Schüler bearbeiten Arbeitsblatt 1, S. 154			
	Präsentation einiger Schülerarbeiten			
	Die Schülerinnen und Schüler äußern konstruktive Kritik.			• Arbeitsergebnisse beurteilen können.
	Ausgabe von Arbeitsblatt 2, S. 155			
	Arbeitsblatt 2, S. 155: • Lesen und Besprechen des Informationstextes • Besprechung der Aufgabenstellung der bildnerischen Aufgabe • Besprechung der Arbeitsschritte			• Informationen zur Technik und Geschichte des Scherenschnitts erhalten.
	Demonstration: Schattenwurf einer Schülerin bzw. eines Schülers mithilfe des OHPs zur Verdeutlichung der Bedeutung der Kontur beim Schattenriss			• die Bedeutung der Kontur beim Scherenschnitt erkennen.
Anwendung	Bereitstellung von schwarzem Tonpapier und Scheren bzw. Schneidemessern			• ein geeignetes Motiv finden und als Scherenschnitt ausführen können.
	Die Schülerinnen und Schüler bearbeiten die fachpraktische Aufgabe.			

150

Der Einstieg in diese Unterrichtseinheit erfolgt über die Präsentation einer fotografischen Gegenlichtaufnahme (Folie 1, S. 152). Die Schülerinnen und Schüler beschreiben die Fotografie. Sie nennen wesentliche Merkmale wie den Hell-Dunkel-Kontrast, den flächigen Charakter oder die Bedeutung des Umrisses. Eventuell vergleichen die Schülerinnen und Schüler in dieser Phase bereits die Abbildung mit einem Scherenschnitt.

Mit der Präsentation von Folie 2, S. 153, wird dieser Vergleich provoziert. Die Schülerinnen und Schüler erkennen die Gemeinsamkeiten von Gegenlichtaufnahmen und Scherenschnitt und benennen sie. Sie lernen in diesem Zusammenhang den Begriff „Silhouette" kennen. Das Folienbild trägt die Überschrift „Die 7 Schwaben" und illustriert die gleichnamige Geschichte (vgl. unten). Da nur vier der sieben wackeren Gesellen dargestellt sind, wird die Aufforderung zu deren grafischer Ergänzung augenfällig. Hierbei erfahren die Schülerinnen und Schüler Hilfen. Sie können sich hinsichtlich der Haltung und Proportionen der Figuren an den unter der Darstellung skizzierten Strichmännchen orientieren. Die Köpfe der Strichmännchen sind bereits mit Nasen versehen, sodass die Darstellung im Profil erst gar nicht infrage gestellt wird. In Anlehnung an die angeführten Strichmännchen sind die Figuren von einzelnen Schülerinnen und Schülern mit einem schwarzen Folienstift flächig einzuzeichnen.

Arbeitsblatt 1, S. 154, greift diese Vorgehensweise anhand zweier weiterer Motive nochmals auf. Nach der Bearbeitung dieser fachpraktischen Übung werden einige Arbeitsergebnisse aufgehängt und im Klassenverband besprochen. Hierbei sollte neben Haltung und Proportionen insbesondere die im Umriss spürbare Detailgenauigkeit im Mittelpunkt stehen.

Arbeitsblatt 2, S. 155, enthält zum einen Informationen zur Technik und Geschichte des Scherenschnitts, zum anderen Anregungen zu geeigneten Motiven sowie die notwendigen Arbeitsschritte bis hin zur Realisation. Da die Scherenschnitte flächig und auf den Umriss beschränkt in DIN A3 ausgeführt werden, sind bei den Schülerinnen und Schülern keine technischen Schwierigkeiten zu erwarten. Voraussetzungen hierfür sind allerdings gute kleinere Scheren und ein nicht zu starkes schwarzes Tonpapier. Spezielles Scherenschnittpapier und entsprechende Schere müssen nicht sein. Zum Aufkleben der fertig gestellten Silhouetten dient am besten ein Klebestift. Als Bildträger kann Zeichenblockpapier Verwendung finden.

Die sieben Schwaben

Die Geschichte von den sieben Schwaben spielt am Bodensee. Sie beginnt damit, dass sich ein Überlinger auf die Wanderschaft durch Schwaben macht und dabei nach und nach weitere Weggefährten kennen lernt. Er erzählt ihnen von einem fürchterlichen Tier, das in einem großen Wald am Bodensee hause und das dem Land und den Leuten großen Schaden zufüge. Und so beschließen die sieben Schwaben, die Menschheit von diesem Ungeheuer zu befreien. Das Scheusal entpuppt sich schließlich als Hase. Sie einigen sich darauf, dass ein Seehase größer und grimmiger als alle anderen Hasen in Deutschland sei, und machen sich auf den Heimweg.

Die 7 Schwaben

■ ■ **AUFGABE 1:** Das Strichmännchen soll zu Max werden.
Arbeite es ebenfalls als Silhouette aus.

■ ■ **AUFGABE 2:** Ergänze den Radfahrer als Silhouette.

Der Scherenschnitt

Das Anfertigen von Scherenschnitten war im 18. Jahrhundert ein beliebter Zeitvertreib. Mithilfe eines speziellen Stuhles wurden u. a. lebensgroße Schattenrisse gefertigt. Dazu wurde die zu porträtierende Person auf dem Stuhl fixiert. Eine Kerze diente als Lichtquelle. Die Schattenrisse entstanden auf einem mit transparentem Papier bespannten Rahmen und wurden anschließend meistens verkleinert. Der Erfinder dieser Vorrichtung war der französische Minister Etienne de Silhouette. Daher werden Scherenschnitte auch als Silhouetten bezeichnet.

Die Wirkung des Scherenschnittes beruht auf dem Hell-Dunkel-Kontrast von Figur und Grund. Das dargestellte Motiv steht flächig auf dem kontrastierenden Hintergrund und wird durch den Umriss bestimmt.

Goethe im Profil, 1774, Schattenriss, Höhe 10,7 cm; Goethe-Nationalmuseum, Weimar

AUFGABE: Überlege dir ein geeignetes Motiv für einen Scherenschnitt und führe es auf schwarzem Tonpapier aus.

Hier einige Anregungen:

Märchen	Sagen und Legenden
• Hänsel und Gretel • Der gestiefelte Kater • Schneewittchen und die sieben Zwerge • Die goldene Gans • Der Wolf und die sieben Geißlein • Rotkäppchen • …	• Der Rattenfänger zu Hameln • Der Kampf des Hl. Georgs mit dem Drachen • Rübezahl • …

Arbeitsschritte

1. Skizziere dein Scherenschnittmotiv als Strichmännchen. Achte bei den figürlichen Darstellungen auf eine ausdrucksvolle Haltung.

2. Übertrage die Strichmännchen-Zeichnung auf schwarzes Tonpapier (DIN A3).

3. Gestalte die Strichmännchen zu richtigen Figuren aus.
   - Stelle die Figuren im Profil dar.
   - Gestalte die Umrisse der Figuren so, dass man Besonderheiten der Figuren sowie Art und Verzierungen der Kleidung erahnen kann.

4. Schneide die Figuren aus, ordne sie auf einem Zeichenblatt an und klebe sie fest.

© Schöningh Verlag, Best.-Nr. 018120

Schülerarbeit: Silhouetten

Literaturverzeichnis

Marion Ackermann, Schattenrisse, Silhouetten und Cutouts, hg. von Helmut Friedel, © 2001 Städtische Galerie im Lenbachhaus, München, Hatje Cantz Verlag, Ostfildern-Ruit

B. Michael Andressen, Brillen – Vom Gebrauchsartikel zum Kultobjekt/Spectacles – From Utility Article to Cult Object, ARNOLDSCHE Verlagsanstalt GmbH, Stuttgart

Roland Berger, Dietmar Winkler, Künstler, Clowns und Akrobaten – Der Zirkus in der bildenden Kunst, © 1983 Henschelverlag Kunst und Gesellschaft, DDR – Berlin, Lizenzausgabe für den Verlag W. Kohlhammer GmbH 1983

Bert Bilzer/Fritz Winzer (Hg.), Meisterwerke – Aus der Schatzkammer europäischer Malerei, Westermann, Braunschweig 1976

Jürgen Brodwolf u. a., Kunst im Kasten, hg. vom Elztäler Heimatmuseum Waldkirch, Waldkircher Verlagsgesellschaft, Waldkirch

Baron von Eelking, Bilanz der Eitelkeit – Die Geschichte der Krawatte, Musterschmidt, Göttingen, Frankfurt, Zürich 1976

Lionel & Patricia Fanthorpe, The Oak Island Mystery – The Secret of the World's Greatest Treasure Hunt, Hounslow Press, Toronto, Kanada 1998

Astrid von Friesen, Tiere mit anderen Augen sehen; Das Kunst-Buch für Kinder, Kinderbuchverlag KBV Luzern AG, 1993

Christian von Holst, Franz Marc – Pferde, Hatje Cantz Verlag, Ostfildern

Pontus Hulten, Niki de Saint Phalle, Kunst- und Ausstellungshalle der Bundesrepublik Deutschland 19. Juni – 1. November 1992, Verlag Gerd Hatje, 1992

Hundertwasser-Architektur, Taschen Verlag, Köln 1996

Grundsteine Kunst 1, Ernst Klett Schulbuchverlag GmbH, Stuttgart

Günther Kälberer, Elementares Bauen, Otto Maier Verlag Ravensburg, 1980

Günther Kälberer, Wohnbau. Arbeitsheft für die Oberstufe des Gymnasiums, Ernst Klett Schulbuchverlag GmbH, Stuttgart 1985

Karl Albrecht Kubinzky, Graz aus der Vogelperspektive, Leykam Verlag, Graz 1984

Kunst + Unterricht, Zeitschrift für Kunstpädagogik, Heft 94/August 1985, Friedrich Verlag, Velber 1985

Kunst + Unterricht, Heft 123/Juni 1988, Friedrich Verlag, Velber 1988

Lexikon der Kunst in zwölf Bänden, Malerei – Architektur – Bildhauerkunst, Karl Müller Verlag, Erlangen 1994

Lexikon 2000, Band 1 A – At, hg. von Gerd Seibert und Erhard Wendelberger, Zweiburgen Verlag, Weinheim 1983

Beate Ludwig/Henry Walter, Das Brillen-Buch – sehen und gesehen werden, Europa Verlag, Hamburg/Wien 2000

Meisterwerke der Kunst, Folge 25/1977, Folge 40/1992, herausgegeben zur Förderung des Kunstunterrichts von dem Landesinstitut für Erziehung und Unterricht Stuttgart mit Unterstützung des Ministeriums für Kultus und Sport Baden-Württemberg

Pfahlbaumuseum Unteruhldingen, Lernort Pfahlbauten. Materialien für die Projektarbeit mit Schülern; Schriftenreihe des Pfahlbaumuseums Unteruhldingen, Band 2

Frank Rossi, Brillen – Vom Leseglas zum modischen Accessoire, Callwey, München 1989

Niki de Saint Phalle, Der Tarot-Garten; Fotografien von Giulio Pietromarchi; Übersetzung von Hubertus von Gemmingen; © 2000 by Niki de Saint Phalle und Giulio Pietromarchi; verlegt von Niki de Saint Phalle im Benteli Verlag, Benteli Verlags AG, Wabern-Bern, 5. Auflage

La Fête – Die Schenkung Niki de Saint Phalle, Werke aus den Jahren 1952 – 2001, hg. von Ulrich Krempel, Hatje Cantz Verlag, Ostfildern-Ruit

Herbert Schöttle, Workshop Kunst (für Klassen 5–10), Bände 1 – 5 (Farbe/Malerei, Graphik: Zeichnung/Schrift, Graphik: Druckgraphik, Plastik/Architektur, Zufallstechniken), Schöningh Verlag, Paderborn

Alexander Speltz, Die Geschichte der Ornamente, © 1989 Studio Editions, London; deutsche Lizenzausgabe für Parkland Verlag, Stuttgart 1989

Susanne Ströse, Kartoffel-Stempel, Don Bosco Verlag, München, 4. Auflage 1980

Stefan Thull, Krawatten – Das Handbuch, Ullstein Sachbuch, Frankfurt/Berlin 1990

Dick van Voorst, Kreatives Arbeiten mit Wellpappe, Verlag Th. Schäfer, Hannover 1991

Was ist Kunst? Bauwerke, Skulpturen, Gemälde, Epochen und Stile erkennen und verstehen, Neuer Kaiser Verlag, Klagenfurt 2000

Frank T. Zumbach, William Kidd, Edition Compass, Koehlers Verlagsgesellschaft mbH, Hamburg 1999

Textquellen

S. 118: © Iris Schnebel-Kaschnitz, Berlin

S. 126 und 128: Aus: Selma Lagerlöf, Nils Holgerssons wunderbare Reise durch Schweden; © für die deutsche Ausgabe: Philipp Reclam jun. GmbH & Co., Stuttgart 1996; © Sveriges Författarförbund in Stockholm

Abbildungsnachweis

S. 20, Abb. 1, und S. 26: Aus: Stefan Thull, Krawatten – Das Handbuch, Ullstein Sachbuch, Frankfurt/Berlin 1990, S. 12, S. 60

S. 20, Abb. 2 und 3, und S. 21: Aus: Baron von Eelking, Bilanz der Eitelkeit – Die Geschichte der Krawatte, Musterschmidt, Göttingen, Frankfurt, Zürich 1976, S. 19, 21, 28

S. 39: Abb. 1: Foto: Ulrich Windoffer; Abb. 2: © dpa, Hamburg; Abb. 3: Foto: Zeiss

S. 40: Abb. 4, 5 und 8: Fotos: Fielmann; Abb. 6 und 7: Fotos: Ulrich Windoffer; Abb. 9: Foto: Deutsches Museum; Abb. 10: Fotos: Wilke, Augenoptik

S. 44: Abb. 1: Foto: Wilke, Augenoptik; Abb. 2: Foto: Fielmann; Abb. 3 und 5: Fotos: Ulrich Windoffer

S. 45: Abb. 1: Foto: Tim Streetporter, l.a. Eyeworks, Los Angeles; Abb. 2: Foto: Wilke, Augenoptik; Abb. 3 und 4: Fotos: Kurzenberger & Braun, München

S. 46: Abb. 1: Foto: Zeiss; Abb. 2: Foto: Kuratorium Gutes Sehen; Abb. 3, 4 und 6: Fotos: Ulrich Windoffer; Abb. 5: Foto: Wilke, Augenoptik; Abb. 7: Foto: © dpa, Hamburg

S. 47: Abb. 1: Foto: Tim Streetporter, l.a. Eyeworks, Los Angeles; Abb. 2: Foto: Kurzenberger & Braun, München; Abb. 3: Foto: Ulrich Windoffer; Abb. 4: Foto: © dpa, Hamburg

S. 67, Abb. 3: Aus: Lionel & Patricia Fanthorpe, The Oak Island Mystery – The Secret of the World's Greatest Treasure Hunt, Hounslow Press, Toronto, Kanada 1998, S. 126

S. 70, Abb. 1: Foto: Friedensreich Hundertwasser; © Harel Management, Wien

S. 75, Abb. 1: © Hundertwasser Archiv, Wien; Abb. 2: © Harel Management, Wien; Abb. 3: Foto: Wilfried Kirsch; © Harel Management, Wien

S. 76: Abb. 1: Foto: Herbert Schwingenschlögl; © Harel Management, Wien; Abb. 2: Foto: Peter Dressler; © Harel Management, Wien (groß), © Harel Management, Wien (klein)

S. 80: Abb. 1: Aus: Kunst + Unterricht, Heft 94/August 1985, Friedrich Verlag, Velber 1985, S. 32; Abb. 2: © Copyright by Dr. Wolfgang und Ingeborg Henze, Campione d'Italia

S. 85: Abb. 1: © Nachlass Erich Heckel, Hemmenhofen; Abb. 2 und 3: © VG Bild-Kunst, Bonn 2005; Abb. 4: Aus: Lexikon der Kunst, Malerei – Architektur – Bildhauerkunst, Elfter Band Sem – Tot, Karl Müller Verlag, Erlangen 1994, S. 22

S. 86 und 88: © VG Bild-Kunst, Bonn 2005; Foto: akg images/Erich Lessing

S. 91, Abb. 1 – 3: Aus: Lexikon der Kunst, Malerei – Architektur – Bildhauerkunst, Neunter Band Oes – Reim, Karl Müller Verlag, Erlangen 1994, S. 29

S. 97 und 98 a): Foto: LOOK GmbH/ Robin Laurance

S. 100: Abb. 1: Aus: Was ist Kunst? Bauwerke, Skulpturen, Gemälde, Epochen und Stile erkennen und verstehen, Neuer Kaiser Verlag, Klagenfurt 2000, S. 83; Abb. 2: Aus: Lexikon 2000, Band 1 A – At, hg. von Gerd Seibert und Erhard Wendelberger, Zweiburgen Verlag, Weinheim 1983, S. 389

S. 102 unten: Aus: Christian von Holst, Franz Marc – Pferde, Hatje Cantz Verlag, Ostfildern, S. 121

S. 107: Aus: Astrid von Friesen, Tiere mit anderen Augen sehen; Das Kunst-Buch für Kinder, Kinderbuchverlag KBV Luzern AG, 1993, S. 26

S. 108: Abb. 1: Aus: Christian von Holst, Franz Marc – Pferde, Hatje Cantz Verlag, Ostfildern, S. 183; Abb. 2: Aus: Bert Bilzer/Fritz Winzer (Hg.), Meisterwerke – Aus der Schatzkammer europäischer Malerei, Westermann, Braunschweig 1976, S. 313

S. 110 und 117, Abb. 2: Aus: Jürgen Brodwolf u. a., Kunst im Kasten, hg. vom Elztäler Heimatmuseum Waldkirch, Waldkircher Verlagsgesellschaft, Waldkirch, S. 3; Besitz: Elztäler Heimatmuseum

S. 115 und 117, Abb. 1: © VG Bild-Kunst, Bonn 2005

S. 116, Abb. unten: © Man Ray Trust, Paris/VG Bild-Kunst, Bonn 2005

S. 125, a): Foto: Das Fotoarchiv/Cornelius Paas; b): Aus: Karl Albrecht Kubinzky, Graz aus der Vogelperspektive, Leykam Verlag, Graz 1984, S. 47

S. 129, Abb. 1: Foto: Galerie Alexandre Iolas, Paris

S. 130, Abb. 2 und 3: © VG Bild-Kunst, Bonn 2005

S. 134 und 135: © VG Bild-Kunst, Bonn 2005

S. 136, Abb. 1: Foto: GES-Sportfoto

S. 137: © VG Bild-Kunst, Bonn 2005

S. 138: Fotos: picture-alliance/dpa/dpaweb/dpa-Report

S. 148: Abb. 1: Aus: Marion Ackermann, Schattenrisse, Silhouetten und Cutouts, hg. von Helmut Friedel, © 2001 Städtische Galerie im Lenbachhaus, München, Hatje Cantz Verlag, Ostfildern-Ruit, S. 73; Stiftung Weimarer Klassik, Goethe Nationalmuseum; Abb. 2: © Succession Henri Matisse/VG Bild-Kunst, Bonn 2005; Abb. 3: © VG Bild-Kunst, Bonn 2005

S. 152: Foto: © dpa/Patrick Seeger

S. 155: Aus: Marion Ackermann, Schattenrisse, Silhouetten und Cutouts, hg. von Helmut Friedel, © 2001 Städtische Galerie im Lenbachhaus, München, Hatje Cantz Verlag, Ostfildern-Ruit, S. 40; Goethe-Nationalmuseum, Weimar